本書由上海市教育委員會重點學科建設項目（J51701）資助

改良中式簿記概說

徐永祚 著

會計經典叢書

立信會計出版社

圖書在版編目(CIP)數據

改良中式簿記概説/徐永祚著.—上海:立信會計出版社,2009.12
(會計經典叢書)
ISBN 978-7-5429-2428-5

Ⅰ.①改… Ⅱ.①徐… Ⅲ.①會計方法 Ⅳ.①F231

中國版本圖書館 CIP 數據核字(2009)第 239162 號

策劃編輯　黄成艮
責任編輯　黄成艮
封面設計　周崇文

改良中式簿記概説

出版發行　立信會計出版社
地　　址　上海市中山西路 2230 號　郵政編碼　200235
電　　話　(021)64411389　傳　　真　(021)64411325
網　　址　www.lixinaph.com　E-mail　lxaph@sh163.net
網上書店　www.shlx.net　Tel:(021)64411071
經　　銷　各地新華書店

印　　刷　上海申松立信印刷有限責任公司
開　　本　787 毫米×960 毫米　1/16
印　　張　7.25　插　頁　3
字　　數　59 千字
版　　次　2009 年 12 月 第 1 版
印　　次　2009 年 12 月 第 1 次
印　　數　1—3100
書　　號　ISBN 978-7-5429-2428-5/F·2123
定　　價　20.00 元

徐永祚

總序

組織中外會計經典著作與普及性會計讀物出版，是潘序倫先生創立的立信會計事業的重要組成部分，歷史上的『立信會計叢書』影響海内外，已爲推動華夏會計事業的發展作出了杰出貢獻。爲向中華人民共和國六十週年大慶獻禮與紀念中國會計改革三十年，立信會計出版社特製定宏偉計劃，隆重推出《會計經典叢書》（以下簡稱《叢書》），擬在今後相當長的時期内，分期、分批系統出版在世界會計發展史上具有一定學術地位的名人名著，以最終形成具有傳世意義與珍藏價值的系列會計文化精品，爲全球會計界樹立起一座金字塔。

人類社會的會計事業有着悠久而偉大的歷史，它的發端期與遠古文化、藝術，以及原始算術相一致，在其起源之際所顯示出來的管理功能，便與解决人類生存及發展問題至爲密切相關，由此，它創立了自己的偉大歷史起點。在進入『財産社會』及至其後的『産權社會』後，會計在維護和保障公共權益與私家（或公司）權益中的作用越來越突出，在經濟控制中的基礎性地位越來越重要，這正如馬克思所講：『過程越是按社會的規模進行，越是失去純粹個人的性質，作爲對過程的控制和觀念總結的簿記就越是必要；因此，簿記對資本主義生産，比對手工業和農民的分散生産更爲必要，對公有生産，比對資本主義生産更爲必要。』近、現代會計發展的歷史事實證明了馬克思這一光輝論斷。作爲現代市場經濟管理控制基礎的會計，當今已被人們看作實現社會經濟可持續發展的基本保障，其作用又回歸到與維護及保障人類的生存發展相關的方面，這已成爲當今人類必須正視的一個問題。當然，會計控制的作用不僅僅顯示在强化經濟管理工作方面，而且更爲突出還表現在科學思想發展與會計理論、文化建設方面。先進的會計思想和科學的理論一直持續影響着會計學與會計工作的發展，這也是現代會計學之所以成爲交叉科學與邊緣科學的重要原因。盡管它作爲一門科學的研究成果成書時間較之其他科學爲晚，然而，近代社會以後，會計經典之作的産生與發展却展現出後來者居上的演進態勢，尤其是在現代社會經濟、政治、文化，以及在現代科學技術發展的推動之下，以會計理論與實務研究爲中心的領域不斷拓展，以會計、審計和財務管理爲基本内容的理論與方法技術體系已經形成，會計學已在科學羣體中獨樹一幟，其經典論著層出不窮，熠熠生輝。

弘揚會計學的歷史發展成就是一代又一代會計學者應承擔的重大責任，整理出版會計著作精品是履行這一責任的重要體現，《會計經典叢書》出版目標正是根據這一點確定的。一方面《叢書》編委會將盡職盡責地做好這項工作，確保以上乘的質量、持之以恒地出版這套《叢書》，另一方面也企盼來自各個方面的支持，在著作遴選、修訂與出版等方面做到羣策羣力，以實現《叢書》出版所預期的目標與擴大它的世界影響。

一四九四年，意大利文藝復興時期著名會計學家盧卡·帕喬利的力作《算術、幾何、比及比例概要》（潘序倫先生譯爲《數學大全》，以下統一用此名）一書出版，極大地影響到整個歐洲，成爲歐洲數學發展史上的輝煌篇章。《數學大全》的第三卷、第九部、第十一篇論題爲《計算與記録要論》（葛家澍教授譯爲《簿記論》，以下統一用此名。）《簿記論》是系統研究簿記學的歷史起點，它的問世開闢了人類會計發展的新時代，是會計學建設發展史上的里程碑，它的影響極爲深遠，其意義是世界性的。《叢書》在原譯中文版本的基礎上，通過再次校譯與訂正，作爲首批經典著作推出，它對整套《叢書》的出版具有奠基性意義與作用。《簿記論》一書很值得每位會計學者和工作者珍藏與反復研讀。

光緒三十一年（公元一九〇五年），蔡錫勇的《連環帳譜》於湖北官書局鐫刻刊行，它開創了中國會計專著撰寫與出版之先河，真正是『破了天荒』（楊時展教授語，一九九二年），從根本上改寫了中國幾千年來，會計無專書、專文問世的歷史。在當時，這部書的出版不僅迎合了張之洞在湖北創辦各類實業乃至軍工業對改進中式簿記的要求，而且以其引進與改良思想爲啓迪，揭開了二十世紀初期改良與改革中式簿記的序幕，是中國會計學建設史上的重大歷史事件。應當注意，蔡錫勇引進先進簿記原理及其技術所堅持的結合『中土實際』的思想，旨在西爲中用，故他通過精心編譯進行的再創作從始至終顯示了這一精神。他用借貸基本原理，設例解釋中式簿記中的『一收、一付』和『一該、一存』的原理，體現了『洋爲中用』，指引了改良中式簿記的大方向。目前，《連環帳譜》這部上、下兩册的綫裝書，在海内外僅存孤本，此次立信會計出版社通過拍照與精心設計完好保持了它的原貌，顯示了原書古樸的風格。《叢書》編委會深信這部書出版之後一定會得到社會各界的重視，既珍視它的歷史價值，而又在比較研究中充分發揮它的現實應用價值。

美國著名會計學家A・C・利特爾頓的名著《一九〇〇年以前會計的演進》，是二十世紀三十年代以後對世界會計界發生深刻影響的會計歷史論著，它開創了史論與史证相結合系統研究會計、審計問題的嶄新格局，具有很高的研究參考價值。雖然我國會計界多年來一直在策劃翻譯出版這部書，但由於多種原因未能實現這一計劃。這次，《叢書》編委會決定把翻譯出版這部值得研讀與收藏的論著列入規劃，並確保提高翻譯水平與出版質量，爲中國會計界獻上一份厚禮。

一九〇七年，留日學者謝霖與孟森合著的《銀行簿記學》一書，是繼《連環帳譜》之後，第二部試圖通過引進西式簿記引導中式簿記進行改良的著作。這部書以銀行簿記爲改良目標，其研究的切實性與可操作性很强，故它對於推動我國三四十年代所興起的改良與改革中式會計運動具有直接作用。河北楊汝梅的《無形資産論》是他一九二六年在美國密歇根大學的博士學位論文，論文具有一定創新價值，一度在美國廣爲引用，是中國人在世界會計界産生影響的第一部著作。這部書曾被施仁夫先生譯成中文，譯名爲《商譽及無形資産》，這次出版經過仔細校譯，也將以嶄新面貌出現在讀者面前。同時，圍繞二十世紀三四十年代中國的改良與改革會計之爭，《叢書》還再版了潘序倫與徐永祚先生的代表作。

《會計經典叢書》是一項永久性的出版工程，通過它既能够展示數百年來中外會計學術演變與發展的歷史路徑及其運行規律，也便於廣大會計學者與工作者全面而系統地研究會計學術、實務問題，以達承前啓後，繼往開來，持續進行求實創新之效果。《叢書》編委會誠望會計學者、會計教育者、會計實務工作者，以及其他方面的讀者參與《叢書》的策劃與對會計經典著作的遴選，並對持續出版這套《叢書》提出寶貴意見。我們認爲，這項工程既是中國也是世界會計界共同的事業，它行動的每一步都需要來自會計界及其其他方面力量的推進。

《會計經典叢書》編委會

二〇〇九年十二月

前言

郭道揚

二十世紀初，在中國的知識分子隊伍中，比較普遍地存在着一種改良和改革的思想，有的試圖通過振興中國近代工商業，達到救國救民之目的； 有的試圖通過醫學、文學改變中國國民之精神。 有的則試圖通過簿記或會計改良或改革，杜絶貪風，整頓吏治，以達改善政府財政狀況和振興中國實業之目的。 二十世紀二十年代末到三十年代所掀起的一場改良與改革中式簿記或會計的運動，便是這種思想發展的結果。 徐永祚先生是改良中式簿記派的代表人物。

一八九一年九月九日，我國著名會計學家徐永祚先生（一八九一年至一九五九年）誕生於浙江省海寧縣。 幼時，在海寧達才學堂發蒙讀書，成績優良。 其後，他在浙江省高等學堂讀完中學，考入上海神州大學經濟系。 在經濟系學習期間，他系統地修完了全部會計課程，並取得了優异成績，這爲他一生從事會計師工作和會計理論的研究奠定了良好基礎。 大學畢業後留校任教，後徐永祚先生在天津中國銀行任職，不久，赴上海物品交易所任科長。 一九一八年至一九一九年間擔任《銀行週報》編輯時，立志從事改良中式會計的工作。 爲此，在週報上辟一會計研究專欄，商討改良會計之事。 一九二一年，他辭去週報主編職務，在北京政府農商部領取會計師執照，在上海創辦了著名的『徐永祚會計師事務所』。 自此，他便一心一意致力於中國會計的改良事業。 在二十世紀二十至三十年代，他所舉辦的各種事業，都緊緊圍繞中式簿記的改良工作，也都是以改善中國的會計現狀作爲奮斗目標的。

創辦『徐永祚會計師事務所』

『徐永祚會計師事務所』創辦於一九二一年，自開業以來，其業務不斷擴展。 當時，上海金融界的南四行、北四行，以及其他較大的銀行、錢莊； 工業界的天厨味精廠、上海安達紗廠、常州大成紗廠及天原化工廠； 商界中的中國百貨公司、南洋兄弟煙草公司、華成煙草公司，以及出版界著名的商務印書館及中華書局等，均長期聘請該會計師事務所擔任常年查賬及會計顧問。到三十年代,『徐永祚會計師事務所』除承擔會計制度設計,會計查核與證明,會計管理與整理,財産清算與管理,會計鑒定與公斷,及其處理會計事務争議等業務之外,還承擔了處理公司組織的各種税務、註册登記各事務,以及承擔各處常年顧問工作,等等。該會計師事務所,在兼顧處理多種會計事務中,注意把工作的重點放在幫助企業改良會計方面。截至一九三三年,『爲商家改良會計者,不下三數百家』,取得了較好效果。

抗日戰争期間,徐永祚先生拒絶向日僞政府備案,特改『徐永祚會計師事務所』爲『正明會計師事務所』。當時,除承擔一些老客户的諮詢業務外,一般不再對外執行會計師業務。抗戰勝利後,其會計師業務不僅恢復,而且業務範圍擴大到許多遷川工廠,以及像慎昌洋行、英美煙草公司這樣的外商企業。

創辦會計人員訓練班

徐永祚先生認爲,要推動改良中式簿記事業的發展,『養成簿記人才』是動力。這類人才必須既有豐富的會計理論知識,又有處理會計實務之經驗,方可勝任改良中式會計工作。一九三一年,徐永祚先生於會計師事務所内,招考學習會計師和學習事務員數十人,進行了培訓會計人才的嘗試。一九三三年,鑒於實業界對會計人才的迫切需要,又在會計師事務所内特設訓練部,製定了『徐永祚會計師事務所附設會計人員訓練班』章程,設立了初級班,以培養初級會計人才爲宗旨,設置高級班,以培養高級會計專門人才爲目的。兩種學制均以爲政府財計部門和大、中企業輸送新式會計人才爲目標。

由於二十世紀三十年代採用改良中式簿記的企業日漸增多,一九三四年七月,徐永祚先生所辦會計補習學校又與上海市商會商業學校聯合舉辦了『改良中式簿記講習科』。講習科每届定期兩個月,專門教授改良中式簿記之賬理、賬法,以及每種賬簿的實際用法,以求滿足推行改良中式簿記之急需。接着又於一九三四年九月開辦『改良中式簿記函授科』。這種短期速成性質的函授教育,把改良中式簿記的影響擴大到上海以外,對促進當時改良中式簿記方法的推行,取得了良好的效果。

創辦《會計雜誌》

徐永祚先生立志改良中式簿記,爲了擴大改良中式簿記的影響和便於推行改良中式簿記的理論與方法,又於一九三三年元月在原會計師事務所出版部的基礎上創辦了全國聞名的《會計雜誌》。

《會計雜誌》於一九三三年元月一日創刊發行，截至一九三七年因抗日戰爭爆發停刊，共計刊行八卷四十八期，登載專家、學者所撰論文六百餘篇，系統地表述了改良中式簿記的基本指導思想、基本理論與基本方法，以及推行改良中式簿記的過程；也比較詳細地介紹了英、美諸國的新式簿記、審計學說及會計制度建設情況；兼顧介紹了其他方面的論著與消息。內容豐富，實用性强，故深受各界人士的歡迎。這個刊物密切與改良中式簿記運動相配合，不但對推行改良中式簿記方法起着宣傳與指導作用，而且對推動我國會計理論與會計實務的發展也起到一定的作用。

發起改良中式簿記運動

在一九一八年至一九二一年間，徐永祚先生初步接觸西式複式簿記之時，曾主張完全改用西式簿記。一九二二年至一九二三年間，經過一段從事會計師工作的業務實踐，他開始認爲『西式簿記不能爲一般人所認識。完全倣行，究有不便。』乃主張取西式簿記之内容，而保留中式簿記之形式。開始有了改良中式會計的思想。

一九二四年至一九二六年間，徐永祚先生通過與工商企業的廣泛接觸和對使用中式簿記的企業進行調查研究以後認爲：『中式簿記，並非全無組織。記賬方法，並非全不合理。病在參差不一耳。不僅在形式，有維持之價值，即在實質上，亦有保存之可能……，絶非西式簿記所能取而代之。但其缺點甚多，非加改良不可。』這是他改良中式簿記思想發展的又一階段。一九二九年至一九三四年間，是其改良中式會計思想發展的第四階段，即通過發動一場改良中式簿記運動，把改良中式會計的思想付諸實踐。一九二九年至一九三〇年間爲徐氏改良中式簿記思想發生轉折的階段，這一轉折的基本標誌是改良方案的確立及其對改良方案中的三項發現的具體實施。一是采用賬簿分割法，藉以改善中式會計的賬簿組織。徐永祚先生認爲：『近世簿記法之能應事業規模之大小，賬目收付之繁簡，以變化其賬簿之組織者，全賴利用多欄金額式與賬簿分割法，以達到其分化與集合之能事，增進會計上辦事之效率。中式賬簿中文直寫，直幅不宜過長，雖無數設多欄金額之便利。但可利用賬簿分割法，以代替多欄金額之賬簿。故中式簿記可以利用賬簿分割法，以變化其賬簿之組織。』二是采用統轄記賬法，匯合同類項目記賬，簡化過賬及結算手續，以改良中式會計的記賬方法。徐永祚先生認爲：『近世事業規模日趨宏大，收付賬目日見繁多。故必有化繁爲簡的統轄記賬法，以匯總計算之。西式簿記之統轄記賬法，賬簿既不免增設，手續亦因之繁重。衡以經濟科學之原則，亦有缺點。……改良中式簿記雖無敷設多欄金額之便利，但可以賬簿分割法代替，已如上述。且另有一種簡便的統轄記賬法，即由各種日記簿以編製日計表。則每日之賬目，以日記表統轄之。多欄式日記簿以編製日計表可省也。由各種謄清簿以編製月計表及各賬户結算表，則每月之賬目，以月計表統轄之。每一賬户之細目或分户，又各以賬户結算表統轄之。總謄清簿可省也。此外且有歲計表以統轄全年之賬目，皆以決算表代用統轄賬簿。』這樣便可以起到全面化繁爲簡的作用。三是采用定期編製的四柱式結算表，以此取代西式簿記的平衡結算法。徐永祚先生講：『改良中式簿記對於賬簿之結算，賬表之編製，均用四柱法。……其所以必分四柱者，蓋與上述統轄記賬法有連帶之關係。若結算表不列四柱，則不能代替統轄賬簿。而其本身之效用，亦爲大減也。』這三種作法的實施，使改良中式簿記的會計方法體系初步建立起來，這一改良方案在南洋兄弟煙草公司、五洲藥房、中華書局等企業試點運用也取得了初步的成效，從而使徐永祚先生對普遍推行改良中式簿記下定了决心。一九三二年，徐氏又爲擬訂各業會計改良之標準方案作好準備工作。一九三三年，接着擬訂賬簿表單格式及登記方法三四十種，並交由標準賬表文件製售所發行。同年元月，徐氏通過創辦《會計雜誌》以引起世人對改良中式簿記之重視，並初步展開對『改良中式會計問題』之討論。是年十二月，徐永祚先生著《改良中式簿記概説》一書刊行，改良中式簿記全套方案於是就公諸於世。方案發表之後，上海市商會即發函提倡。該商會一面召集『改良中式簿記演講會』，請徐永祚先生親自進行改良中式簿記的演講；一面舉辦改良中式賬簿表單展覽。自此，改良中式簿記運動開始在上海展開。此後，徐永祚先生又用無綫電播音方式，向全上海市宣講推行改良中式簿記問題。中國計政學會、全國商會聯合會等單位亦撰文提倡改良中式簿記，各界社會名流紛紛題詞并發表評論。上海《申報》特發行專號介紹改良中式簿記，各家日報亦陸續轉載改良中式簿記的新聞。從此改良中式簿記運動走向高潮。一九三四年元月，《會計雜誌》刊行『改良中式簿記專號』，改良中式簿記學派中各位專家紛紛發表論文，介紹改良中式簿記的基本理論與方法，運用對比的方法宣傳它的優越性，加之中、小型企業中響應者與日俱增，各地商會先後提倡，促使改良中式簿記運動向縱深發展。一九三五年，《改良中式簿記實例》一書發表，改良中式簿記進一步在不少企業試行，並逐步取得了一定的效果。直到抗日戰爭爆發，上海淪陷，不少企業内遷，徐永祚會計師事務所處於停業狀態，《會計雜誌》也隨即停辦，這場改良中式簿記運動方告段落。

中式簿記有着幾千年的發展史，它一度在世界上處於先進地位，是世界會計發展史上的重要成果之一，只是由於近幾百年來（從新中國建立以前起算），中國社會經濟發展水平落後的影響，它才逐漸落後於西式簿記。不過，中式簿記在漫長的發展過程中，不僅形成了自己的方法體系，而且具有自己的特色。尤其是到近代，中國固有複式簿記產生之後，把中式簿記的發展推向一個新的歷史時期。改良中式簿記派能够比較認真地總結中式簿記的優缺點，肯定了中式簿記方法體系中的可取之處，較好地處理了繼承與改良的關係，這是應當加以肯定的。應當看到，『改良中式簿記』所產生的影響也是深遠的，它對於後來的會計改革既提供了經驗，也提供了教訓。

徐永祚先生及他主持的會計師事務所，在二十世紀二十至三十年代，對改良中國的會計作出了重要貢獻，他在中西會計相結合方面的設想，以及在推行改良中式簿記中所取得的經驗與教訓，對於我國會計的發展有不小的影響。

應當指出，改良中式簿記對中式簿記所進行的改良是不徹底的。一則，它忽視了從根本問題着手，全面而有效地進行改革；二則，它過多地講究形式上的改良，對從科學原理方面加以革新重視不够；三則，在改良中式簿記大綱中也確實存在矛盾之處。這些弱點經改革派指出，對於推動當時會計學術的發展起到一定的作用。

二〇〇九年十二月

改良中式簿記概說

徐永祚會計師著

徐永祚會計師擬訂

改良中式帳簿

▲整理國粹▼　▲推行國貨▼

▲增加效能▼　▲節省經濟▼

帳理帳法：融合學理事實，記法簡單便利。

帳簿程式：共達三十餘種，各業所需均備。

帳簿用紙：海月國紙精印，布面布底裝訂。

帳簿價格：廉於舊式帳簿，力謀改良普及。

現行西式帳簿費用浩大又拘泥西習爲一般人所不便中式帳簿費用低廉習用已久而制度不善有失會計本旨徐永祚會計師積二十年之研究嘗發爲中式簿記改良運動頗引起學術界及事業界之重視疊經於各公司各商號實驗極著成効茲爲普及起見特規定帳表程式三十餘種交由本所發行計分爲大號小號兩式三類並定爲五個組織繁簡各備每本帳簿均附有詳細說明並另編『改良中式簿記概說』一冊隨帳簿分送其法則深入淺出合乎習慣極易通曉如有疑難徐永祚會計師事務所並可代爲解釋其紙張均屬國貨記載悉用華文整齊美觀堅韌耐用費用既省手續又便現在國曆年底將屆深望各大公司商店採用改良帳簿以改良其會計也

改良中式帳簿價目　每本自七角起至二元二角止價目表承索即送

改良中式簿記概說　全一冊定價洋二角購帳簿十本以上者附送一冊

上海愛多亞路三八號五樓電話一六六六〇

標準帳表文件製售所發行

目録

會計雜誌第三卷新設計啓事

三卷一期刊行改良中式簿記預告

本誌自創刊以來深蒙海內外讀者贊許銷數激增第一卷第二卷各期雖再版多次均已先後售罄茲爲便利讀者起見特予重印改裝合訂本發行自第三卷起更擬增加篇幅充實內容三卷一期卽爲改良中式簿記之專號自後每卷刊行專號一期每期另闢讀者研究一欄倘蒙海內會計專家寵賜鴻著以匡不逮本誌尤所歡迎此啓

徐永祚會計師事務所出版部謹啓

改良中式簿記概說

緒論

吾國會計之制，夏周而降，設官定制，史不絕書。而簿記之術，則起源何代，創自何人，渺不可考。其見於官文書者，僅四柱清册而已。四柱者，舊管、新收、開除、實在是也。此係官廳簿記之法式，但民間亦沿用之，以形成今日之中國簿記法。嘗考四柱式簿記法，實與西式簿記之現款簿無異。苟能善爲運用，成效當已卓著。惜中國向無專書，以爲講求，僅憑口頭傳授，以致迄今尙無一定系統與組織之可言。其在商界，尤以派別之多，法則之亂，爲人詬病。自西洋簿記法傳入中國後，不免相形見絀。於是會計學者輒稱揚西式簿記曰新式簿記，主張盡量推行，鄙棄中式簿記曰舊式簿記，以爲不屑寓目。中國簿記法之爲人膜視，蓋亦久矣。然數十年來，除銀行、鐵路及新企業外，採用西式簿記者，尙屬少數。中式簿記應用之廣如故也。觀乎此，可知西式簿記決不能盡奪中式簿記之席，中式簿記亦自有其存在之價值也。

考中式簿記所以盛行迄今者，其重要原因，約有四端。

一、理論淺顯　中式簿記，以現款收付爲標準而記帳，理論淺顯易明。非若西式簿記，以相等價值之交換爲標準而記帳，其理論極爲奧賾也。

二、方法簡便　中式簿記之記帳及過帳，凡收款均記入收項，付款均記入付項，方法極其簡便。非若西式簿記之記帳，須先決定交易之借貸，過帳，須先認明帳戶之性質也。

三、通俗易曉　中式簿記理論淺顯，方法簡便，故一般人均能通曉。凡書算嫻熟者，略加傳授，卽能記帳。非若西式簿記之須深究簿記理法，辨明借貸性質，非已學習簿記者，不能貿然從事也。

四、節省經費　中式簿記所用之簿册筆墨，值價低廉，記帳人員，取材甚易。非若西式簿記所用之帳簿表單，費用昂貴，管理簿記，人材難得，處處須增加經費也。

中式簿記之長處，固如上述。但其缺點亦不在少。舉其大者，亦有下列四端。

一、帳戶無一定之分類　中式簿記之記帳，常不分清項目。開立帳戶，亦無一定，以致殘缺紊亂，勾稽無從。不若西式簿記帳戶有系統之分類，有適當之名稱也。

二、帳簿無一定之組織　中式帳簿之設置，常無一定之組織，以致詳略不一，記載不明。

甚有巧立種種名目，令人難以索解者。非若西式帳簿之有連貫的組織，對照的作用，確當的名稱，且能適合於事務之分掌也。

三、帳簿無一定之格式　中式帳簿，僅分上下兩欄，記載事項每不一定，非若西式帳簿，常印有一定之格式，須記入一定之地位，故能記載分明，使人一目了然也。

四、帳法無一定之規律　中式簿記之開帳、記帳、過帳及結帳等手續，均無嚴肅的規律，一任記帳者之自由處理。以致錯誤叢生，弊竇百出。非若西式簿記之有一定之準繩，與共守之規則也。

以上所述，可一言以蔽之曰，中式簿記之長處爲簡單易行。而其短處則爲無系統無組織，吾人應知所以從事矣。

作者對於改良中式簿記，向以爲應認識者有三前提。

一、簿記者，一種科學也。惟其爲科學，故凡處理簿記上種種事務，須以應用科學方法爲原則。複式簿記法者，應用科學方法之簿記法也。依其法則，可以正確明瞭表現財產增減變化之狀態。故改良中式簿記，必須應用複式簿記之原理原則。

二、簿記者，一種實用科學也。惟其爲實用科學，故凡解決簿記上種種問題，須以是否切合實際應用爲前提。所謂實際應用者，卽在制度本身上，應防止不必要之繁複手續，以增進工作之效能，在制度推行上，應顧到是否適應環境，以期推行之順利。蓋無論何種善良制度，欲其實施有效，全在運用得法，否則亦不能發揮其效用。所謂徒法不能自行也。故改良中式簿記，必須求其實際應用。

三、簿記者，一種經濟科學也。惟其爲經濟科學，故凡討論簿記上種種問題，須以是否合乎經濟原則爲前提。所謂經濟原則者，卽以最小之勞費，獲最大之效果。最小最大云者，係指在可能範圍內，謀其勞費之減少，與效果之增大也。凡各種經濟設施，皆應守此原則。簿記事務究非直接可以生利者，尤應以最小之勞費，達到會計上正確明瞭之目的。故改良中式簿記，必須注意經濟原則。

改良中式簿記，應遵守上列三前提，故本書所定之改良方案，特規定帳戶分類，帳簿組織，帳表格式及記帳規則，以立中式簿記之科學精神。其習用法則之不背科學精神，而便於實際應用者。如四柱式簿記法，上收下付之記帳方式，數字戳記之使用，簿册用具之爲國貨等，皆盡量保存，以發揮其應用科學之本能。至於紙張筆墨，主用國貨。帳理帳法，但求易曉。人材用品，皆可以較廉之代價得之，則所以顧全經濟科學之眞諦也。

作者以會計師爲業，已十數年，嘗發爲改良中式簿記運動，歷在各大學演講，各雜誌著文，主張採取世界最新學理，根據中國固有制度，以最經濟最合用之方法，改良中式簿記，風聲所播，頗能引起學術界及事業界之同情。近年以來，學術界研究中式簿記之風，與事業界改良中式簿記之議，較前大進。各處之邀請演講者，每以改良中式簿記爲題。各大公司商號之來本事務所委託者，亦以改良中式簿記之設計爲多。據實驗所得，凡明白中式簿記之改良方法者，莫不贊許。實施中式簿記之改良設計者，亦莫不稱便。中式簿記之改良運動，蓋已爲識者所信仰。較之十年前之僅知有舊式簿記者，不可謂爲無進步也。但中式帳簿應用極廣，其未及改良者甚多。已往之成就，尚不能爲中國會計界謀普遍之進步。故特刊行本書，並發行改良中式帳簿，公開推行，以廣傳播。並願接受會計學術界之批評指正，以求改進。蓋中式簿記改良運動，尚在萌芽。發揚光大，端賴同志之羣策羣力。但於茲有應鄭重聲明者二。

一、改良中式簿記乃運用最新學理之簿記法也。惟其以運用最新學理爲根據，故凡關於帳戶分類，帳簿組織，帳表格式，記帳規則等，均根據複式簿記之原理原則，斟酌而採用之。所不同者，不過直式與橫寫，華文與西文，收付與借貸而已。其效用較諸西式簿記，未嘗稍有遜色。且其帳理帳法，間有爲複式簿記法所未備，或應改良者。如分日記簿之於轉帳收付，祇記一方金額，以節省記帳手續，而仍不妨於過帳及結帳。日計表根據各日記簿編製，月計表根據各謄清簿編製，手續未嘗增繁，而多發生一種對照之作用。結算之採用四柱法，不特可以表現收付之結果，並可表現收付之經過及比較。以日計表或總日記代用統轄日記簿及統轄謄清簿，節省無窮之勞費，而效果則一。以上種種，在近世通行之複式簿記中，固未嘗有也。願吾新式會計學者，就本方案而熟讀之。若胸中橫一成見，以爲用中國紙張筆墨，而書寫華文之簿記，必不能如西式簿記之合理，必不適用於大規模事業之會計。則淺之乎談會計學矣。

二、改良中式簿記乃整理固有制度之簿記也。惟其以整理固有制度爲根據，故凡舊式簿記之帳理帳法，不背近世科學精神與簿記原理者，均儘量採用。如帳簿之爲直式，書寫之用華文，收付之以銀錢爲標準，結帳之用四柱結算法，無不照舊沿用。而西洋簿記法之爲中國所未備者，則參照習慣，曲爲變化，以期引用得宜。如帳戶之有一定分類，帳簿之有一定組織與一定格式。雖似取法西式，但與拘泥西習，輒自豪爲新式帳簿，或僅改橫式爲直式，便侈言爲改良中式簿記者，固未可同日而語也。願吾舊式會計人員，就本方案而熟讀之。須知居今而言改良簿記，其便利莫此若也。若一見帳簿之印有一定格式，登記方法之有一定規則，帳理帳法之處處提明，複式簿記便以爲歐化不足學，或新式不能學，則國故安得而整理，中國之簿記將永無改良之日矣。

本方案所定之各種帳表均附有詳細之說明。凡新舊記帳人員，一經瀏覽，卽可通曉。如有疑難，可隨時向本事務所咨詢，無不樂爲釋明。現正編擬『記帳實例』，不久卽可發行，以便學習。事關改良中國簿記，幸海內會計專家進而教之。

改良大綱

一、欲求會計之整理明確，必須採用新式會計與複式簿記之原理原則，此為改良方案一定不易之宗旨。但中式簿記法中理論及效用與複式簿記法相符合者，則闡明之，仍照舊沿用。

二、中式簿記之上收下付，猶之西式簿記之左借（Debit）右貸（Credit）。此係中西文字書寫方向之不同，其記載分明則一也。中式簿記既以中文記載，何必改就西文書寫之方向。故改良方案，仍照舊上收下付直書。

三、中式簿記之轉帳，猶之複式簿記之分錄（Journal）。惟中式之收付，以現款為主。複式之借貸，以科目為主。故其所表現者，適得其反。此係中西創造記帳法者之見解不同，實無優劣存乎其間。以吾觀之，中式之收付，反較西式之借貸更覺通俗易曉。吾人但知其相反可耳，何必為形式上之改革。故中式簿記現款式收付之帳法（即日記簿之收付過入謄清簿並不反其收付），改良方案仍照舊沿用。

四、中式簿記之四柱結算法（即四柱清册之舊管、新收、開除、實在四柱），猶之複式簿記之平衡試算法。蓋中式記帳法，以現款為主，故應軋算結餘之是否相符。複式記帳法以科目爲主，故應求得借貸之是否平衡。其爲檢算記錄及計算之有無錯誤則一也。但其效用，四柱結算可以表現一個期間收付之比較與經過及結果，而平衡試算僅能表現一個期間借貸之結果，故四柱結算法實較優於平衡試算法，改良方案仍照舊沿用。

五、中式簿記之登記數目，除廣式簿記用數碼字外，大都均用全寫字，即數字間必註明十百千萬等位名。較諸西式簿記之用阿拉伯數字記載者，不免書寫費時而多占地位。但不易塗改，亦其長處，且熟練者書寫亦甚迅速。若照日本式僅書數字，而以線或點區分其位數，則須楷書。舊式記帳員，反引以爲不便。故改良方案登記數目之用全寫字記載，或如廣式之用數碼字記載，可一任自由，不加改定。唯用全寫字記載，究竟多占地位，且不能採用多欄式記帳法，實爲缺點。倘能改用廣式之以數碼字（即〡〢〣〤〥〦〧〨〩〇等數碼字）記帳，則與西式之用阿拉伯字記帳無異。既省地位，又可迅速，且能利用多欄式記帳法。

六、西式帳簿印有一定格式，某格記日期，某格記借貸事由，某格記借貸金額，某格記過帳頁數，常有一定。故查閱核算，均甚便利。中式帳簿僅分上下兩欄，記載收付，頗不一律，且過帳不註明過頁，每頁不編定頁數。不僅查閱核算，均感不便，且撕毀頁數，亦無從査考，實爲中式簿記之缺點。故改良方案中特仿照西式簿記，將各帳簿訂定格式，編定頁數，註明過頁，並每本帳簿均附詳細登記法。

七、中式簿記記帳，使用戳記。如帳目已經過清者，蓋「過」或「入」字之戳記。記帳遇有錯誤者，蓋「誤記」或「錯入」之戳記。表示記帳至此爲止者，蓋「止」字之戳記。表示收付數目已平者，蓋「兩訖」或「平」字之戳記。此項習慣，其用意頗與西式簿記之用銷號（✓）劃雙線（‖）及劃斜線（／）等相同。故改良方案，仍照舊採用。但中式簿記常有將日記簿中之暫時收付或收付相同之數目，彼此蓋一「對銷」或「銷」字戳記，即不轉過謄清簿。又常有將讓價抹尾之數，蓋一「淸訖」或「訖」字戳記，即作了事，不再轉帳，經由日記簿而轉入損益帳戶。實爲中式簿記之缺點，必須改正。故凡此種戳記，即應廢止不用。

八、複式簿記記帳，必先分清項目，以便記入適當之帳戶。中式簿記記帳常不分清項目，即分項目，亦無適當之分類與名稱。且原始記錄，並不採用項目。轉記之時，過入何項何目，一任記帳者之自由。以致混淆不清，勾稽不易，此實爲中式簿記之大缺點。故改良方案中，對於帳戶之分類，特爲從新規定。帳戶分類，應隨收付性質而定，各業均有不同，本方案所規定者爲一般工商業通用之標準項目。應用之時，尙須酌量取捨，不可拘泥。

九、複式簿記常能應事業規模之大小，帳目收付之繁簡，以變化其帳簿組織，而增進會計上辦事之效能。中式帳簿無系統與秩序的組織，或失之重複，或失之殘缺。且彼此不能連貫，名稱亦不一律。以致不能表現正確之財政狀況，與營業成績，此亦爲中式簿記之大缺點。故改良方案中對於帳簿之組織，亦爲從新規定。帳簿組織，變化無窮，不能執一以繩。本方案所規定者，可集合至極簡，分化至最繁，且假定分爲五個組織，以便商界斟酌採用。

十、複式簿記記帳法，常有一定規則。凡關帳記帳過帳及結帳等一切手續，均須遵照辦理。故能秩序井然，有條不紊。中式簿記記帳法並無規律，一任記帳員之自由。以致顚倒紊亂，流弊百出，此亦爲中式簿記之大缺點。故改良方案中特爲訂定記帳規則，凡(一)開立帳簿，(二)應記載之事項，(三)記帳所用之文字及數字，(四)記帳單位，(五)改正錯誤，(六)蓋用戳記，(七)査對帳目，(八)結算現存以及(九)帳簿表單之保存，(十)帳簿之貼用印花，(十一)經管人員之分別記明等，均有詳細之規定。庶幾中式帳簿，可以變爲有系統有秩序有規律的記錄。

帳戶分類

凡記帳必先分清項目，以便統同區異，各歸納於適當之帳戶。帳戶分類，亦名會計科目分類。卽將日常收付之帳目，各按其性質，分爲若干項若干目，各冠以相當之名稱，使記帳時可以標明一定之名稱，而記入於適當之帳戶。中式帳簿記帳常不分清項目。卽分項目，亦無適當之分類，與適當之名稱。且原始記錄，並不標明項目，轉記之時，過入何項何目，一任記帳者之自由。以致混淆不清，勾稽不易。非但無比較統合之便利，且失却正確明瞭之目的。故中式簿記帳戶分類，須爲之重新規定。帳戶分類，必須根據會計原理，切合實際應用。故分類須依照西式簿記之分類。名稱應採用商界固有之名稱。茲本此原則，規定中式簿記帳戶分類表如下。

中式簿記之項目，大別爲存該項目與損益項目。存該項目卽負債與資產科目，損益項目卽利益與損失科目。存該項目中有屬於負債者，有屬於資產者，亦有屬於負債與資產共同者。損益項目中亦然。有屬於利益者，有屬於損失者，亦有屬於利益與損失共同者。至其分類之繁簡，可隨事業之性質，與帳目之多寡，而斟酌定之。茲復將上表所列項目，分爲負債資產及利益損失四類，分別說明其性質及用法如左。

存該項目（資產科目）

- 現款
- 往來——存行莊往來，欠行莊往來
- 票據——來票，出票
- 帳款——應收帳款，應付帳款
- 存貨
- 保證金——存出保證金，存出定銀，存出押櫃，存入保證金，存入定銀
- 存欠款
  - 各戶往來——本支店往來，其他各戶往來
  - 各戶存欠——存出款，存入款，貸出款，借入款
- 暫記款——暫付，暫收，預付，預收，墊付，代收，應付未付，應收未收
- 投資帳——附業股本，購置證券
- 無形資產——牌號，開辦費，特許權，營業權
- 器具裝修——器具用品，裝修設備

不動產——地基，房屋
準備——折舊準備，呆帳準備，其他準備
公積——法定公積，特別公積，其他公積
資本（或股本）——股本總額，未繳股本
損益——本屆純益，本屆純損，歷屆虧損，盈餘滚存

損益項目（損失利益科目）

- 進貨——現進，賒進
- 銷貨——現銷，賒銷
- 貨繳
  - 包裝費，棧租，運費（水脚，車力）稅餉（關稅，印花）
  - 保險費，佣金，廣告費（廣告，贈品）其他推銷費用
- 店用
  - 薪工（薪津，工資，酬勞）膳費，房地租（房租，房捐，地租）郵電費，文具費（文具，簿册，印刷）水電費（水費，電費）消耗費，修理費，捐款，
  - 雜費，其他事務費用
- 其他
  - 存欠利息，投資損益，進貨折讓，銷貨折讓，收入回佣，匯費兌水，攤提費，開除費，雜損益

負債資產項目

甲、負債類

1.行莊往來　凡對於銀行或錢莊透支之款項，應分別戶名，用本項目處理之。

2.出　票　凡對於到期應付款之支票，本票，匯票等，用本項目處理之。

3.應付帳款　凡應付客戶之進貨帳款，或寄售帳款，應分別戶名，用本項目處理之。

4.各戶往來　凡對於本支店或其他各戶往來，應分別戶名，用本項目處理之。並得視收付情形，分立爲二項目。

本（或支）店往來　凡本店對於支店，或支店對於本店之往來，用本項目處理之。

各戶往來　凡對於其他各戶之往來，應分別戶名，用本項目處理之。

5.存入款　凡對於存入款項之收付，應分別戶名，用本項目處理之。並得視存款情形，分爲下列三項目。

定期存入款　凡定期存入款項之收付，應分別戶名，用本項目處理之。

活期存入款　凡活期存入款項之收付，應分別戶名，用本項目處理之。

同人儲金　凡本店同人儲蓄存款之收付，應分別戶名，用本項目處理之。

6.借入款　凡對於借入款項之收付，應分別戶名，用本項目處理之。並得視借款情形，分爲下列二項目。

定期借入款　凡定期借入款之收付，應分別戶名，用本項目處理之。

抵押借入款　凡抵押借入款之收付，應分別戶名，用本項目處理之。

7.存入保證金　凡對於存入保證金或定銀等之收付，應分別戶名，用本項目處理之。並得視收付情形，分爲下列二項目。

存入保證金　凡存入保證金之收付，應分別戶名，用本項目處理之。

存入定銀　凡存入定銀之收付，應分別戶名，用本項目處理之。

8.暫記存款　凡對於暫收，預收，代收，或應付未付各款之收付，應分別戶名，用本項目處理之。並得視收付情形，分爲下列四項目。

暫收款　凡暫時收入之款，應分別戶名，用本項目處理之。

預收款　凡預期收入之款，應分別戶名，用本項目處理之。

代收款　凡代理收入之款，應分別戶名，用本項目處理之。

應付未付款　凡應付未付各款，應分別事由或戶名，用本項目處理之。

9. 各項準備　凡對於折舊，呆帳及其他準備之提存與支銷，應分別事由，用本項目處理之。並得視其性質，分為下列三項目。

折舊準備　凡對於房屋裝修器具等折舊準備之提存與支銷，用本項目處理之。

呆帳準備　凡對於銷貨帳款或其他帳款等，呆帳準備之提存與支銷，用本項目處理之。

其他準備　凡對於其他抵償性質各準備之提存與支銷，應視需要而特定項目以處理之。

10. 公積金　凡提存之各項公積金，用本項目處理之。並得視其性質，分為下列二項目。

法定公積　凡依照法令，必須提存之公積，用本項目處理之。

特別公積　凡於法定公積外隨意提存之特別公積，用本項目處理之。

11. 資本（或股本）　凡資本主或股東所投入之資本或股本，用本項目處理之。如係股份有限公司，其股本尚未繳足者，應於負債類中列股本總額項目，於資產類中列未繳股本項目以處理之。

12. 盈餘滾存　凡滾存之盈餘，或剩餘金，應列入本項目。

13. 本屆純益　凡本屆決算所得之純益應列入本項目。

乙、資產類

1. 現　款　凡對於現洋、鈔票、即期支票、本票、匯票等之收付，用本項目處理之。

2. 行莊往來　凡對於銀行或錢莊之往來存款，應分別戶名，用本項目處理之。

3. 來　票　凡對於到期可收款之支票、本票、匯票等，用本項目處理之。

4. 應收帳款　凡對於客戶應收之銷貨帳款或寄售帳款，應分別戶名，用本項目處理之。

5. 存　貨　凡對於盤存之各種貨品，用本項目處理之。

6. 各戶往來　凡對於本支店或其他各戶之往來，應分別戶名，用本項目處理之。並得視收付情形，分爲下列二項目。

本（或支）店往來　凡本店對於支店；或支店對於本店之往來，用本項目處理之。

各戶往來　凡對於其他各戶之往來，應分別戶名，用本項目處理之。

7. 存出款　凡對於存出款項之收付，應分別戶名，用本項目處理之。並得視存款情形，分爲下列二項目。

定期存出款　凡定期存出款項之收付，應分別戶名，用本項目處理之。

活期存出款　凡活期存出款項之收付，應分別戶名，用本項目處理之。

8. 貸出款　凡對於貸出款項之收付，應分別戶名，用本項目處理之。並得視貸款情形，分爲下列二項目。

定期貸出款　凡定期貸出款之收付，應分別戶名，用本項目處理之。

抵押貸出款　凡抵押貸出款之收付，應分別戶名，用本項目處理之。

9. 存出保證金　凡對於存出保證金押租押櫃或定銀等之收付，應分別戶名，用本項目處理之。並得視收付情形，分爲下列三項目。

存出保證金　凡存出保證金之收付，應分別戶名，用本項目處理之。

存出定銀　凡存出定銀之收付，應分別戶名，用本項目處理之。

存出押租押櫃　凡存出押租押櫃之收付，應分別戶名，用本項目處理之。

10. 暫記欠款　凡對於暫付，預付，墊付或應收未收各款之收付，應分別戶名，用本項目處理之。並得視收付情形，分爲下列四項目。

暫付款　凡暫時付出之款，應分別戶名，用本項目處理之。

預付款　凡預期付出之款，應分別戶名，用本項目處理之。

墊付款　凡代爲墊付之款，應分別戶名，用本項目處理之。

應收未收款　凡應收未收各款　應分別事由或戶名，用本項目處理之。

11. 投資帳　凡投資附業或購置有價證券之收付，用本項目處理之。並得視收付情形，分爲下列二項目。

附業股本　凡對於附屬事業投資之收付，用本項目處理之。

購置證券　凡投資於公債庫券，公司債票或股票等之收付，用本項目處理之。

12. 無形資產　凡出資取得之牌號、特許權、營業權，及所付之開辦費等，其列入與攤提，應分別事由，用下列各項目處理之。

牌　號　凡出資取得之牌號，其列入與攤提，用本項目處理之。

特許權　凡出資取得之特許權，其列入與攤提，用本項目處理之。

營業權　凡出資取得之營業權，其列入與攤提，用本項目處理之。

開辦費　凡設立時所付之開辦費，其列入與攤提，用本項目處理之。

13. 器　具　凡購置之器具用品，用本項目處理之。

14. 裝　修　凡置辦之裝修設備，用本項目處理之。

15. 房　屋　凡營業用房屋，用本項目處理之。

16. 地　基　凡營業用地基，用本項目處理之。

17. 歷屆虧損　凡歷屆結轉之虧損，應列入本項目。

18. 本屆純損　凡本屆决算所得之純損，應列入本項目。

利益損失項目

甲、利益類

1. 銷　貨　凡銷售貨品之收入均屬之。並得分爲下列二項目。

　現銷　凡現款銷貨之收入均屬之。

　賒銷　凡賒欠銷貨之收入均屬之。

2. 進貨折讓　凡進貨付款時收回之折扣及讓價等均屬之。

3. 收入佣佣　凡代理寄售品所收入之佣佣均屬之。

4. 存欠利息　凡存欠款項所得之利息或貼現息均屬之。

5. 投資損益　凡投資附業及證券所得之利益均屬之。

6. 雜損益　凡其他利益均屬之。

乙、損失類

1. 進　貨　凡購進貨品之支出均屬之，並得分為下列二項目。

　現進　凡現款進貨之支出均屬之。

　賒進　凡賒欠進貨之支出均屬之。

2. 貨繳（或推銷費用）　凡因推銷貨品所支付之各項費用均屬之，並應區別性質，分為下列各目。

（一）包裝費（二）棧租（三）運費（水脚、車力）

（四）稅餉（關稅、印花）（五）保險費（六）佣金

（七）廣告費（廣告、贈品）（八）其他推銷費用

3. 店用（或事務費用）　凡支付之事務費用均屬之。並應區別性質，分為下列各目。

（一）薪工（薪津、工資、酬勞）（二）膳費

（三）房地租（房租、房捐、地租）（四）郵電費

(五)文具費（文具、簿册、印刷）(六)水電費（水費、電費）
(七)消耗費(八)修理費(九)交際費
(十)捐款(十一)雜費(十二)其他事務費用。

4.存欠利息　凡存欠款項所付之利息或貼現息均屬之。

5.投資損益　凡投資附業及證券所生之損失均屬之。

6.銷貨折讓　凡銷貨收款時付出之折扣及讓價屬之。

7.匯費兌水　凡匯費兌水之支出均屬之。

8.攤提費　凡攤提折舊、呆帳及貨價等準備之支付均屬之。並得視款項之多寡，分列細目。

9.開除費　凡開除呆帳及結轉費用等之支出均屬之。並得視款項之多寡，分列細目。

10雜損益　凡其他損失均屬之。

上列各項目，乃一般商業通用之標準項目。應用之時，得酌量取捨，如有不敷，亦可增加。且其項目之分合，亦非一成不變者。對於簡單之收付，可合併數項目爲一項目。對於繁複之收付，得細分一項目爲數項目。要當視收付之性質而定，神而明之，存乎其人。

商業之兼營製造者，應於資產類中，添設機械工具、原物料、製品、在製品、副產品及製造帳等項目。並應於損失類中添設製造帮項目，而於其下分設若干細目。此應說明者也。

帳簿組織

帳簿為事業財產增減變化之記錄物。故設置帳簿，常隨事業性質，規模大小，事務分掌，帳目繁簡等之不同，而變化無窮。但帳簿必有系統秩序的組織，與彼此聯絡的關係，則事業財產方可有正確明瞭之記錄。中式簿記，帳簿設置，雜亂無章：組織既不規律，名稱亦無一定。故改良帳簿，必須注意於帳簿之組織，與名稱之統一。至於習慣通行名稱，應儘量採用，亦為改良之本旨，固無待論。茲本此原則，規定中式簿記帳簿組織表如左。

- 日記簿（原始簿）
  - 銀錢日記
    - 現款日記
      - 現款日記
      - 行莊日記
    - 轉帳日記
      - 轉帳日記
      - 來票日記
      - 出票日記
      - 總日記
  - 收款日記
  - 付款日記
  - 銀錢日記
  - 進貨付款——（分本埠外埠或分部門）
  - 銷貨收款——（同上）
  - 開支日記
  - 總日記

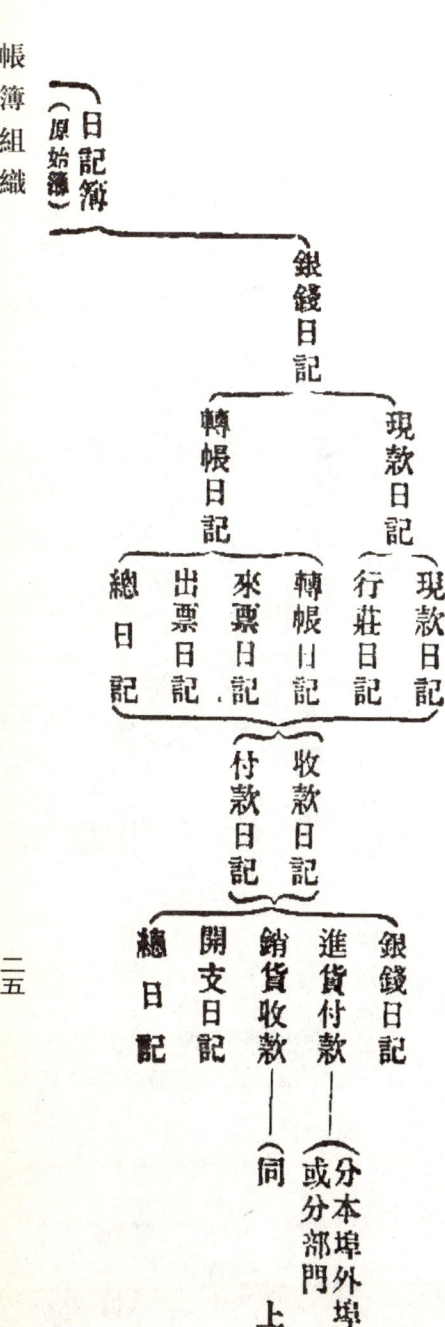

主要簿

- 貨品日記
  - 進貨日記—進貨日記
    - 進貨日記—進貨日記—（分本埠外埠或分部門）
    - 進貨退還—進貨退還
  - 銷貨日記
    - 銷貨日記
      - 銷貨日記—銷貨日記—（分本埠外埠郵售或分部門）
      - 銷貨退回—銷貨退回
    - 寄售品簿—寄售品簿—寄售品簿
- 謄清簿（轉記簿）
  - 存該謄清
    - 存該謄清
      - 存該謄清
      - 行莊謄清
      - 各戶存欠
    - 進貨客清—進貨客清
    - 銷貨客清—銷貨客清
      - 存該謄清
      - 進貨客清—（分本埠外埠或分部門）
      - 銷貨客清—（同上）
      - 股東分戶
      - 行莊謄清
      - 各戶往來
      - 各戶存欠
      - 暫記存欠

損益賸清
- 損益賸清——損益賸清——損益賸清
- 開支賸清
  - 推銷費用——推銷費用——（貨繳賸清）
  - 事務費用——事務費用——（店用賸清）

（註）以上日記簿，爲過賸清簿便利起見，並得分爲單日簿與雙日簿兩本輪流登記

補助簿
- 認股簿　股東分戶簿　股分轉讓簿　股息紅利簿　門市簿（註1）存貨分類簿　貨本
- 加費簿　收到寄售品簿　發送寄售品簿　進貨定成簿　銷貨定成簿　來票簿（註2）
- 出票簿（註2）　來票期日簿　出票期日簿　器具簿　萬年清簿　零用簿　薪工簿
- 單據簿　帳簿目錄

（註）1.用門市發票者，即憑發票存根，結出門市分類總表過帳，不必再設此簿。
2.主要簿中分設來票簿及出票簿者，補助簿中不必再設此簿。

結算表
- 日計表　月計表　歲計表　各帳戶結算表　查存表
- 資產負債表　財產目錄　損益計算書

憑單——收款憑單　付款憑單　轉帳憑單

帳簿無論中西，就其性質而爲分類，要不外主要簿，補助簿與結算表三類。主要簿爲全

體帳目之主要記錄，大別爲日記簿與謄清簿二種。日記簿爲原始順序的記錄，謄清簿爲轉記分類的記錄。凡收付帳目極簡單之商店或機關，可僅用此二簿，以登載全體帳目。此帳簿之最簡單者也。至若規模較大收付較多之商店或機關，僅有此二簿，則於事務分掌上，及記帳手續上必感不便。於是將平日收付特多之帳目，或以收付目的物爲標準，或以帳目之性質爲標準。分別設置若干特殊日記簿或增補日記簿。如銀錢收付與貨品收付分簿登記者，得分立銀錢日記簿與貨品日記簿。銀錢日記簿中現款收付與轉帳收付分簿登記者，得分立現款日記簿與轉帳日記簿。貨品日記簿中進貨與銷貨分簿登記者，得分立進貨日記簿與銷貨日記簿，若再分化，復可將現款日記簿中之行莊往來帳目，分設行莊往來簿。將轉帳日記簿中之來票或出票帳目，分設來票日記簿與出票日記簿。將進貨日記簿中之進貨退還帳目分設進貨退還簿。將銷貨日記簿中之銷貨退回及寄售品帳目，分設銷貨退回簿及寄售品簿。此以收付目的物爲標準而分立帳簿者也。如此分立帳簿，則凡遇一筆交易，而有數種收付目的物者，須同時記入數種帳簿。又如收款與付款分人掌管者，得分設收款日記簿與付款日記簿。進貨付款帳目特多者，得分立進貨付款簿。銷貨收款帳目特多者，得分立銷貨收款簿。各項開支帳目繁多者，得分立各項開支簿。而將其他收款成付款帳目，記載於銀錢日記簿，此以帳目之性實為標準而分立帳簿者也。如此分立帳簿，則不問其所收或所付者之屬於現款票據或其他轉帳，均須一律記入各該分設日記簿。凡帳簿既經分立，則為結算便利起見，應設總日記簿以統轄之。

謄清簿可分為存該謄清，專記資產負債帳目。損益謄清，專記損失利益帳目。存該謄清中又得因進貨客戶之特多，而分設進貨客清。銷貨客戶之特多，而分設銷貨客清。損益謄清中亦得因開支帳目之繁多，而分設開支謄清。若再分化，則存該謄清中復得將行莊往來帳目劃分，設立行莊謄清。將各戶存欠帳目劃分，設置各戶存欠簿。將各戶往來帳目劃分，設立各戶往來簿。將暫記存欠帳目劃分，設置暫記存欠簿。將股東帳目劃分，設立股東分戶簿。並將開支謄清簿分為推銷費用與事務費用兩帳。惟於此須留意者，凡謄清簿中分戶或分日記載之帳戶，遇結算時，必先編製各帳戶結算表，將其總結數，編入月計表。此即所謂統轄記帳法是也。

補助簿為補助主要簿之備忘記錄，或明細記錄。如係股份有限公司，用以補助股本帳戶者，有認股簿，股東分戶簿，股份轉讓簿及股息紅利簿等。用以補助進貨及銷貨記錄者，有門市簿，存貨分類簿，貨本加費簿，進貨定成簿、銷貨定成簿，收到寄售品簿，發送寄售品簿等。主要簿不設來票與出票日記簿，而用以補助此項記錄者，則有來票簿，出票簿，來票期日簿，出票期日簿。他如萬年清簿、器具簿、零用簿、薪工簿、及帳簿目錄等。均得因需要而採用之。且其主要簿之分化極繁者，補助簿亦可減少。

結算表爲結算時所用之帳表。所以表示一定期間財產增減變化之經過及結果。並檢驗其記錄及計算之有無錯誤。其爲每日結算之用者爲日計表。每月結算之用者爲月計表，每年結算之用者爲歲計表，資產負債表，損益計算書及財產目錄。而各帳戶結算表，爲對於每一項目所統屬之各客戶或細目每月彙總結算之帳表。但普通商店或機關，其收付不甚繁多，不必每日結算者，則無須編製日記表。

憑單爲收付及轉帳之憑證。分爲收款憑單，付款憑單，轉帳憑單三種。凡事業規模宏大，收付帳目繁多之商店或機關，均應採用之。

以上係說明各種帳簿分化之大概，應用之時，須視事業規模之大小，事務分掌之不同，酌量取舍，不能一成不變。茲復將上述各種帳簿，由簡而繁，分爲五個組織。逐一說明各個組織之內容，帳簿聯絡之關係，及記帳過帳與結算之順序如左。以便商界實際應用。如能融會貫通，當不致扞格難行也。

第一組織帳簿組織及登記順序圖

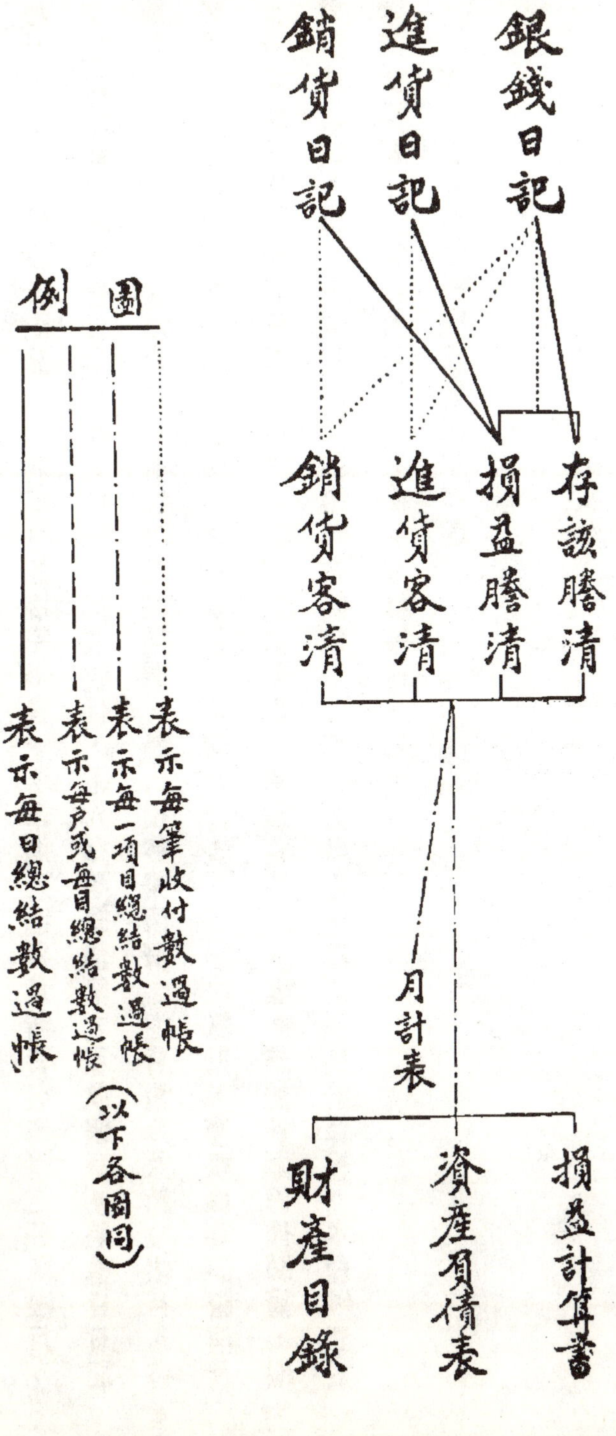

「第一組織說明」本組織日記簿用銀錢日記，進貨日記及銷貨日記三種。謄清簿用存該謄清，損益謄清，進貨客清及銷貨客清四種。結算表用月計表，資產負債表，損益計算書及財產目錄四種。其記帳，過帳及結算順序。凡現款或轉帳收付，概記入銀錢日記簿。貨品進出，概記入進貨及銷貨日記簿。銀錢日記簿應於每日記帳完畢後，逐筆過入各種謄清簿之各該帳戶。進貨及銷貨日記簿，應於每日記帳完畢後，逐筆過入進貨及銷貨客清簿之各該帳戶。並應將銀錢日記簿每日之共收共付數，反其收付，過入存該謄清簿之現款帳戶。將進貨日記簿每日之共進數，及銷貨日記簿每日之共銷數，過入損益謄清簿之進貨帳戶及銷貨帳戶。每屆月底，應根據各種謄清簿各帳戶之結餘數，編製月計表。每屆決算期，應根據存該謄清及進貨與銷貨客清簿各帳戶結餘數，並對照月計表，編製資產負債表，參照各關係補助簿，編製財產目錄。根據損益謄清簿各帳戶結餘數，並對照月計表，編製損益計算書。本組織對於營業規模較小，收付帳目不多之商店或機關適用之。

第二組織帳簿組織及登記順序圖

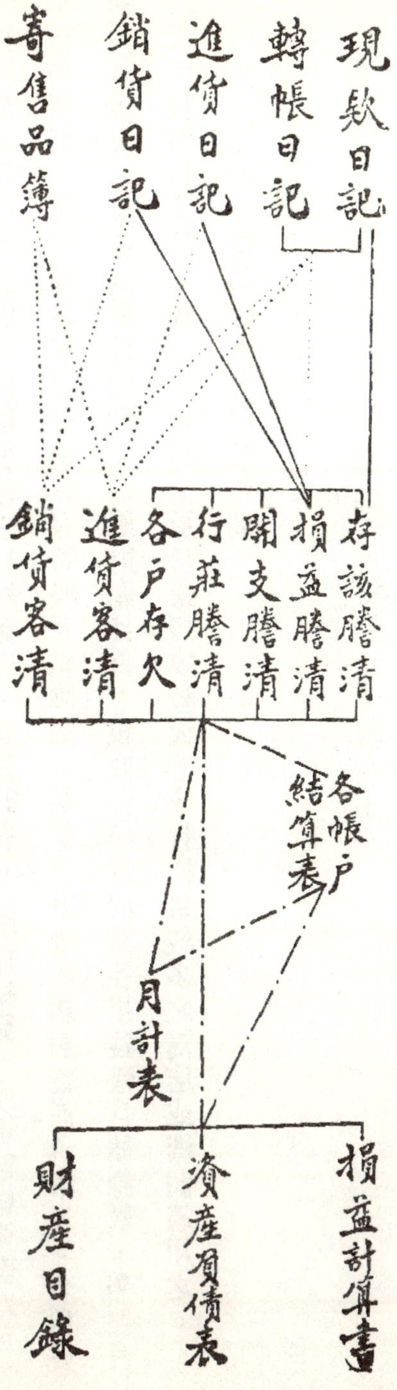

「第二組織說明」　本組織日記簿用現款日記，轉帳日記，進貨日記，銷貨日記及寄售品簿五種。謄清簿用存該謄清，損益謄清，開支謄清，行莊謄清，各戶存欠，進貨客清及銷貨客清七種。結算表用各帳戶結算表，月計表，資產負債表，損益計算書及財產目錄五種，本組織與第一組織不同者，日記簿中因現款收付與轉帳收付分簿登記，而將銀錢日記簿分為現款日記與轉帳日記。因寄售品帳目之特多，而獨立設置寄售品簿。謄清簿中因銀行錢莊往來，各項存欠與各項開支帳目分戶之特多，而獨立設置行莊謄清，各戶存欠及開支謄清簿。結算表中因各項目之下，分戶較多，在結算以前，非有各帳戶結算表以彙總結算之不可，故增加一各帳戶結算表。其記帳過帳及結算順序，凡現款收付，概入現款日記。轉帳收付，概入轉帳日記。貨品進出，概入進貨及銷貨日記。賣出寄售品，概入寄售品簿。現款日記與轉帳日記，應於每日記帳完畢後，逐筆過入各種謄清簿之各該帳戶。進貨及銷貨日記，應逐筆過入進貨及銷貨客清簿之各該帳戶。寄售品簿，應逐筆過入進貨及銷貨客清簿寄售類中之各該帳戶。並應將現款日記簿每日之共收共付數，反其收付，過入存該謄清簿之現款帳戶。將進貨及銷貨日記簿每日之共進及共銷數，過入損益謄清簿之進貨及銷貨帳戶。每屆月底，應根據各種謄清簿各帳戶之總結數編製各帳戶結算表，及月計表。（四柱結算表或餘數結算表均可）每屆決算期，應根據各種謄清簿各存該帳戶結餘數，對照月計表，編製資產負債表。參照各帳戶結算表，及各關係補助簿，編製財產目錄。根據各種謄清簿各損益帳戶結餘數，對照月計表，編製損益計算書。本組織對於營業規模較大，收付帳目較多之商店或機關適用之。

第三組織帳簿組織及登記順序圖

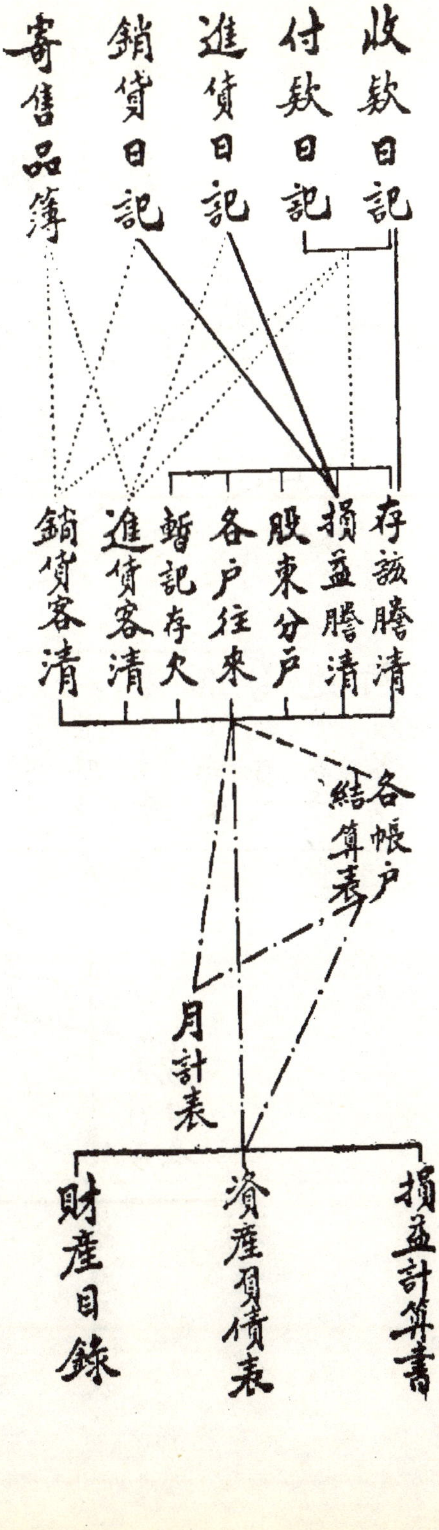

「第三組織說明」 本組織日記簿用收款日記，付款日記，進貨日記，銷貨日記及寄售品簿五種。謄清簿用存該謄清，損益謄清，股東分戶，進貨客清，銷貨客清，各戶往來及暫記存欠七種。結算表同第二組織。本組織與第二組織，大體相同。唯因銀錢收付，分人管理，而將銀錢日記簿分為收款日記與付款日記。因股東分戶，各戶往來及暫記存欠特多之故，而均分立謄清簿。其記帳過帳及結算方法，亦大體相同。唯於每日記帳完畢後，必須將付款日記簿中之共付數過入收款日記簿以便結出其餘數。本組織對於營業規模較大，收付帳目較多之商店或機關適用之。

第四組織帳簿組織及登記順序圖

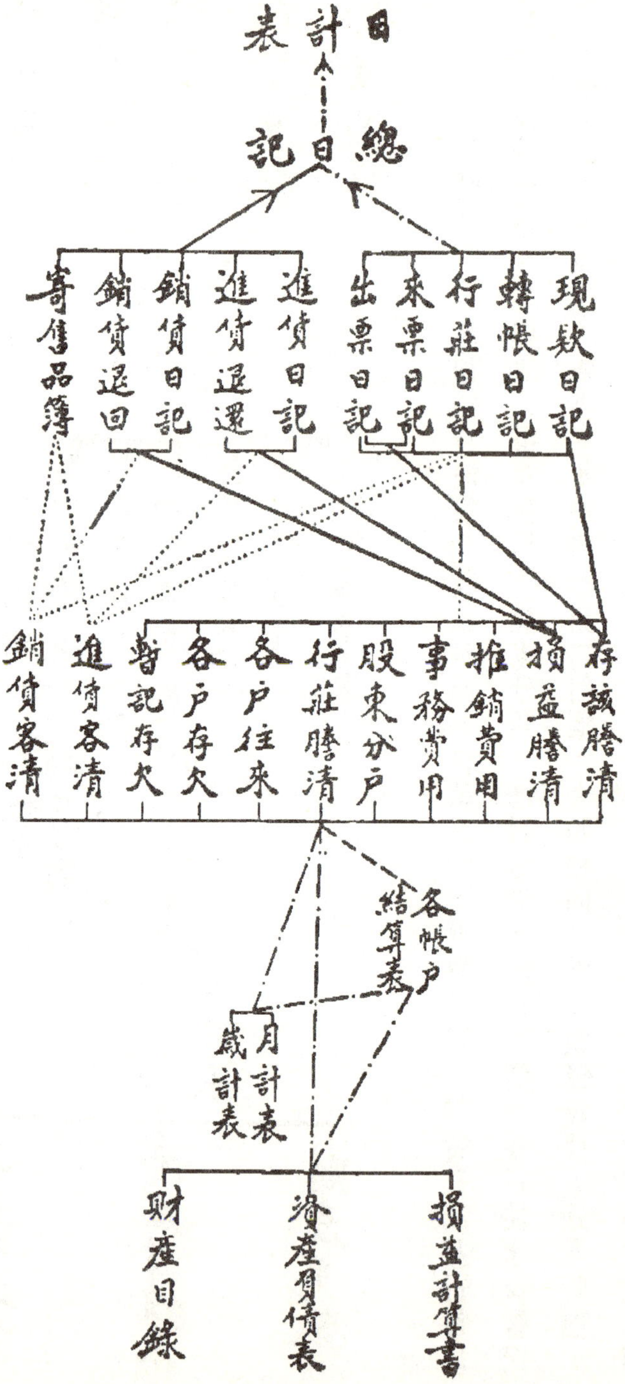

「第四組織說明」　本組織日記簿用現款日記，轉帳日記，行莊日記，來票日記，出票日

記，進貨日記，進貨退還，銷貨日記，銷貨退回及寄售品簿十種。賸清簿用存該賸清，損益賸清，推銷費用，事務費用，進貨客清，銷貨客清，股東分戶，行莊賸清，各戶往來，各戶存欠，及暫記存欠十一種。結算表用總日記簿（此簿因有決算表性質，爲說明便利計，故列於此），日計表，各帳戶結算表，月計表，歲計表，資產負債表，損益計算書，及財產目錄八種。其各帳簿間聯絡之關係與第二組織相類似。惟就銀錢日記簿中，擇其屬於銀行或錢莊之往來帳目，收入及發出之票據帳目，各獨立設置行莊日記，來票日記及出票日記。就貨品日記簿中，擇其屬於進貨退還，銷貨退回帳目，各獨立設置進貨退還簿及銷貨退回簿。存該賸清簿中添設股東分戶，各戶往來暫記存欠等簿。損益賸清簿中將開支賸清分爲推銷費用，事務費用二簿。結算表中添設總日記簿。與日計表，並添設歲計表。其記帳過帳及結算順序，亦與第二組織相類似。但因每日收付帳目繁多，必須編製日計表。又因帳簿分立之故，必有總日記簿以統轄之。故各種分日記簿，每日記帳完畢後，對於每一項目應分別收付各結一總數，記入總日記簿。每屆年終，應根據各種賸清簿，對照月計表，編製歲計表。本組織對於營業規模宏大，收付帳目繁多之商店或機關適用之。且最好使用記帳憑單（即收款，付款及轉帳憑單），則記帳上可以便利。

第五組織帳簿組織及登記順序

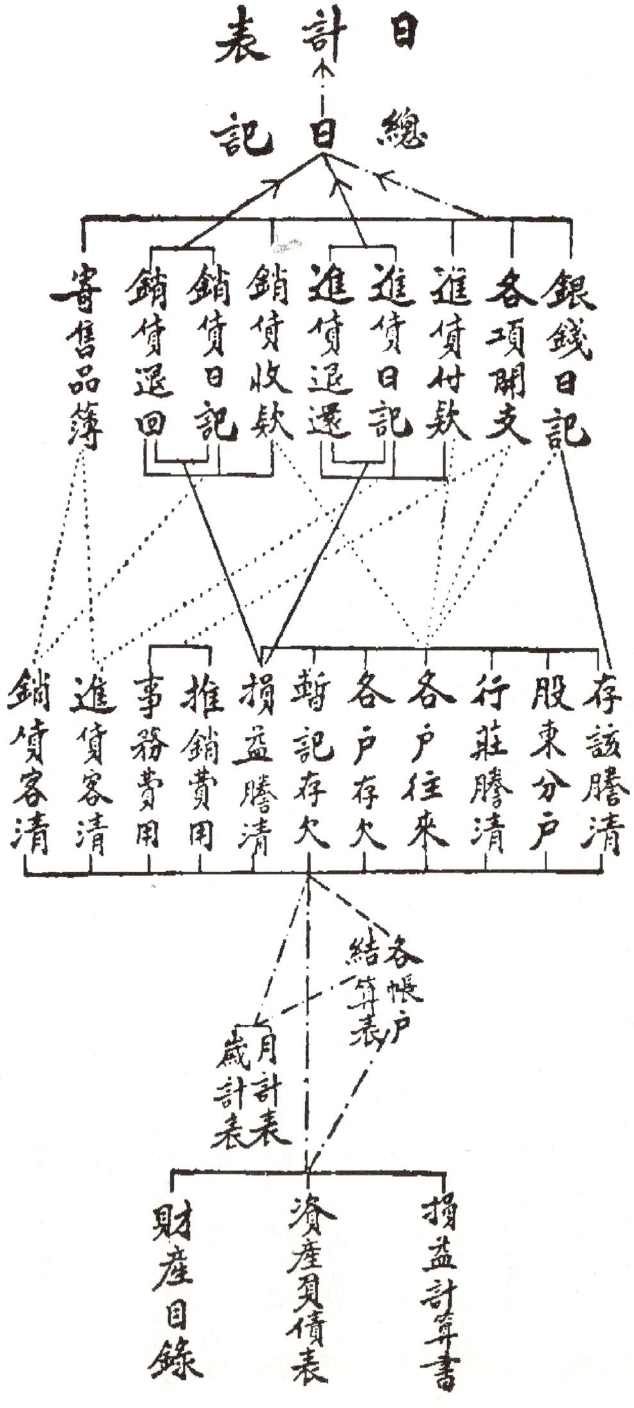

「第五組織」本組織日記簿用銀錢日記，進貨付款，銷貨收款，各項開支，進貨日記，進貨退還，銷貨日記，銷貨退回及寄售品簿九種。謄清簿及結算表，均同第四組織。其各帳簿間聯絡之關係，與第四組織相類似。但日記簿之分割，與第四組織不同，蓋第四組織，以收付目的物爲標準而分簿，而第五組織則以帳目之性質爲標準而分簿，故其記帳及過帳亦以帳目之性質爲區別，如屬於進貨付款者，記入進貨付款簿，轉過進貨客淸簿。屬於銷貨收款者，記入銷貨收款簿，轉過銷貨客淸簿。屬於各項開支者，記入各項開支簿，轉過推銷費用簿及事務費用簿。而屬於其他之收款或付款則記入銀錢日記簿，轉過各種謄淸簿。且各分日記簿，既分別收付，故亦須如第三組織於每日記帳完畢後，將進貨付款，銷貨收款及各項開支簿中之共收共付數，過入銀錢日記簿而結出其餘數。本組織對於營業規模宏大，收付帳目繁多之商店或機關適用之。

上列各帳簿如因進貨銷貨及其收款付款帳目特別繁多者，並得將進貨日記，銷貨日記，進貨付款，銷貨收款，進貨客淸及銷貨客淸等簿，依本埠外埠或貨品部門而分立數册，爲過入謄淸簿便利起見，並得將各種日記簿分爲單雙日輪流登記。

以上所列係專營商業者之帳簿組織。若兼營製造業者，則主要簿中應添設製造日記，產品日記，製造成本謄淸。補助簿中應添設原物料分類簿，製品分類簿及機械工具明細簿等，以整理關於製造上之帳目。此應說明者也。

帳簿表單格式及登記法

甲、各帳簿格式及登記法

子、大號帳簿

大號帳簿每半頁　縱二十三公分半　橫十六公分　內分十行

一、日記簿　格式

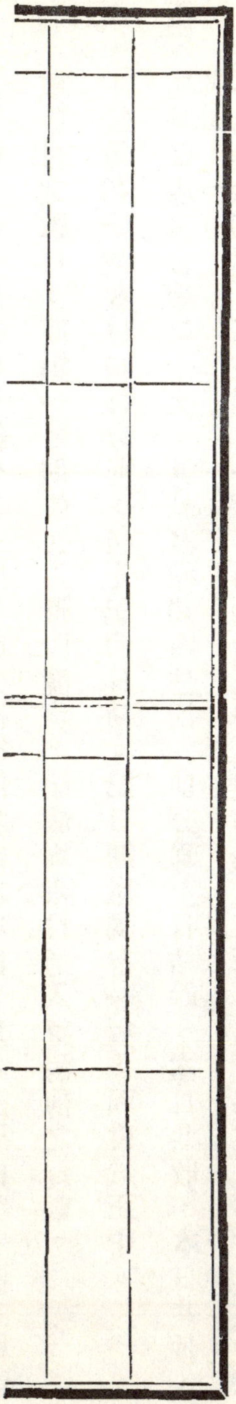

登記法

一、本帳簿爲順日期記載之原始簿。吾國商界有稱之爲流水者，有稱之爲滾存者，亦有稱之爲日流或日記者。名稱不一。爲求名實相符起見，特正其名曰日記簿。

二、本帳簿通常可用作日記簿、銀錢日記簿、現款日記簿及轉帳日記簿。

三、本帳簿爲收付對照式。中以雙線分爲上下二部。上部記收入帳目，下部記付出帳目。而上下兩部內，又各以單線分爲三格。第二格摘記收付之項目、戶名及事由等。第三格記載收付之數目。而第一格則俟過入謄清簿時，記載本帳目過入謄清簿之頁數。

四、本帳簿在登載收付帳目以前，必先記明日期。記日期應獨占一行，而書於正中。

五、本帳簿應每日總結一次。其結算應用四柱法。卽分爲上日結餘、本日共收、本日共付、本日結餘四柱。每柱獨占一行，而書於正中。但轉帳日記簿，僅有共收、共付，而無結餘。

六、本帳簿應於每日結算完畢後，分別項目或戶名，逐一過入謄清簿各該帳戶。並應將本日共收、共付數，反其收付，過入謄清簿現款帳戶。

七、凡規模較大，收付較多之商店或機關，應於每日記帳完畢後，編製日計表。以便報告每日收付情形，並檢驗記帳及計算之有無錯誤。日計表之編製法，另定之。

二、貨品日記簿　格式

登記法

一、本帳簿專備用作進貨日記簿（即貨源簿）、銷貨日記簿（即批發簿）及貨品日記簿。但進貨退還簿，銷貨退回簿及寄售品簿，亦適用之。分爲定式與活用式二種。得斟酌貨品情形，自由採用之。

二、定式之貨品日記簿，以單線分爲七格。第二格記戶名，並得摘錄交易條件及其他必要事項。第三格記品名及種類、商標等。第四格記數量。第五格記單價。第六格記折扣。第七格記金額。而第一格則記本帳目過入進貨或銷貨客清簿之頁數。如遇一批進貨或銷貨，種類繁多者，得連記數行，而將總計金額，另行正中記入。若用活用式貨品日記簿，則應記載各事項，得斟酌貨品情形定之。並得將進貨銷貨合記一本，上記進貨，下記銷貨。

三、本帳簿在登載進貨或銷貨帳目以前，必先記明日期。記日期應獨占一行，而書於正中。

四、凡每日買賣之貨品，應分別戶名，如係現交，則逕書「現進」或「現售」二字以代戶名。根據買賣發票（或門市簿總數），詳細記入進貨或銷貨日記簿。於每日記載完畢後，逐一過入進貨或銷貨客淸簿各該客戶之收項或付項。每日總結一次。分現進與賒進，或現銷與賒銷，將其結數獨占一行，而書於正中。並過入損益總淸簿進貨帳戶之付項，或銷貨帳戶之收項。

五、對於進貨退還或銷貨退回帳目，可獨立設置進貨退還簿或銷貨退回簿。將其退貨之戶名、品名、數量及金額等，詳細記入本簿。於每日記載完畢後，逐一過入進貨或銷貨客淸簿各該客戶之付項或收項。每日總結一次。將其總數過入損益總淸簿進貨帳戶之收項或銷貨帳戶之付項，若退貨帳目卽附記於進貨或銷貨日記簿者。應蓋用紅色「進貨退還」或「銷貨退回」之戳記於品名之上，以示區別。

六、對於賣出寄售品帳目，可獨立設置寄售品簿。凡每日賣出之寄售品，應將其戶名、品名、數量及金額等，詳細記入本簿。於每日記載完畢後，總結一次。並分別其買進與賣出，逐筆過入進貨客淸簿之收項，與銷貨客淸簿之付項。

三一、票據日記簿 格式

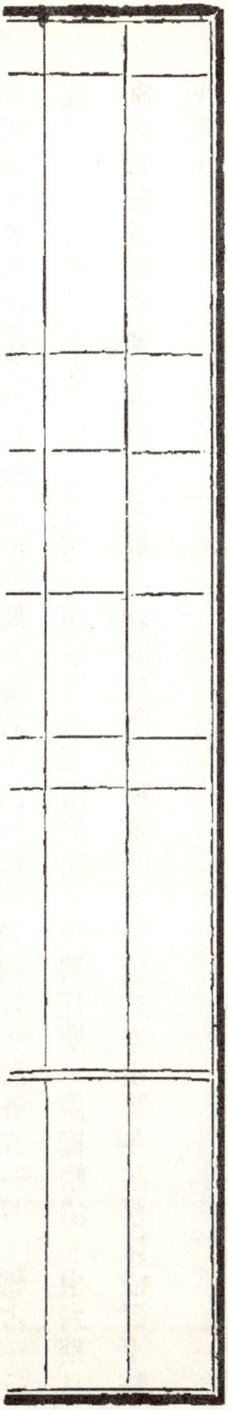

登記法

一、本帳簿專備用作來票日記簿（即應收票據簿）及出票日記簿（即應付票據簿）。但對於來票期日簿及出票期日簿，亦通用之。

二、本帳簿第一格記過入謄清簿之頁數。第二格記來票或出票之項目、戶名及事由等。第三格記票據之種類及號次。第四格如屬來票，則記出票人之戶名，如屬出票，則記收款人之戶名。第五格記付款人之戶名。第六格記票據到期日。第七格記票面之金額。其雙線以下之一格，備記收款或付款之日期及金額，與轉讓或存出等其他記錄。

三、本帳簿在登載來票或出票帳目以前，必先記明日期。記日期應獨占一行，而書於正中。

四、本帳簿應每日總結一次，將其結數獨占一行，而書於正中。

五、本帳簿應於每日記帳完畢後。對於每一項目，分別收付，各結一總數，逐一記入日計表（或總日記簿）各該項目下本日共收共付欄內。並應將總結數記入日計表（或總日記簿）來票或出票項目下本日共收共付欄內。

六、本帳簿應於每日結算完畢後，分別項目或戶名，逐一過入謄清簿各該帳戶。並應將總結數過入謄清簿來票帳戶之付項，或出票帳戶之收項。

七、如遇來票到期收款，或於期前轉讓，或出票到期付款時，應逐一記入銀錢日記簿。或轉帳日記簿。並於本帳簿各該票據帳目下註明之。

八、本帳簿應於每日登載完畢後，分別到期日，逐一過入來票期日簿或出票期日簿。

九、本帳簿如其用作來票期日簿或出票期日簿者，對於每一到期日，應各立一戶，獨占一行或二行，而書於上端，以後方可根據票據日記簿所記，分別日期，照樣謄清。但到期日欄內可記收到或發出票據之日期。收款付款或轉讓時，亦應於本帳簿各該票據帳目下註明之。

四、分日記簿　格式

登記法

一、本帳簿專備用作行莊往來簿、收款日記簿、付款日記簿、進貨付款簿、銷貨收款簿、各項開支簿及工廠應用之製造日記簿，產品日記簿等。

二、凡規模較大收付較多之商店或機關，爲事務分掌上，及記帳手續上便利起見，得將日記簿中收付特多之帳目，或以收付目的物爲標準，或以帳目之性質爲標準，分別設置若干特殊日記簿，或增補日記簿。如現款收付，與行莊往來，分簿登記者，得分立現款日記簿，與行莊往來簿。票據收付，與轉帳收付，分簿登記者，得分立來票日記簿，出票日記簿，與轉帳日記簿。此以收付目的物爲標準，而分立帳簿者也。惟須留意者，如此分立帳簿，則凡遇一筆交易，而所收付者有數種目的物時，必須同時記入數種日記簿。又如收款與付款分人掌管者，得分立收款日記簿，與付款日記簿。又如進貨付款帳目特多者，得分立進貨付款簿。銷貨收款帳目特多者，得分立銷貨收款簿。各項開支帳目繁多者，得分立各項開支簿。而將其他收款或付款帳目，記載於銀錢日記簿。此以帳目之性質爲標準，而分立帳簿者也。惟須留意者，如此分立帳簿，則不問其所收或所付者之屬於現款、卽期票據、遠期票據或其他轉帳，均須一律記入各該分立日記簿。帳簿既經分立，則爲結算便利起見，應另設總日記簿以統轄之。

三、本帳簿以單線分爲上下二小格，中間三大格。三大格中，如其用作行莊往來簿或轉帳日記簿者，登載收入帳目時，則第一格記收入之項目、戶名及事由等，第二格記收入之數目，第三格記所收之款存入某行莊，或記所收之款與何種項目轉帳。登載付出帳目時，則第二格記付出之項目、戶名及事由等，第三格記付出之數目，第一格記所付係某行莊之支票，或記所付係與何種項目轉帳。如其用作收款日記簿、付款日記簿、進貨付款簿、銷貨收款簿及各項開支簿者，登載收入帳目時，則第一格記收入之項目或戶名及事由等。第二格記收入之數目，第三格記所收之屬於現款、卽期票據、遠期票據（來票）或與其他項目轉帳。登載付出帳目時，則第二格記付出之項目或戶名及事由等，第三格記付出之數目，第一格記所付之屬於現款、卽期票據、遠期票據（出票）或與其他項目轉帳。

而上下兩小格中，上一格，記收入帳目過入謄清簿之頁數，下一格，記付出帳目過入謄清簿之頁數。

四、本帳簿在登載收付帳目以前，必先記明日期。記日期應獨占一行，而書於正中。

五、本帳簿每日總結一次。其結算應用四柱法，卽分爲上日結餘（收或付）、本日共收、本日共付、本日結餘（收或付）四柱，獨占一行，而書於正中。但轉帳日記簿及行莊往來簿，僅有共收共付，付款簿僅有共付。並應將付款日記簿中之共付數，過入收款日記簿，而結出其餘數。將進貨付款簿、銷貨收款簿及各項開支簿中之共收共付數，過入銀錢日記簿，而結出其餘數。

六、本帳簿應於每日登載收付帳目完畢後，對於每一項目，分別收付，各結一總數，記入總日記簿各該項目下本帳簿之收項或付項欄內。並應將銀錢日記簿、收款日記簿或現款日記簿中本日共收共付數，反其收付，記入總日記簿現款項目下本帳簿之收項或付項欄內。

七、本帳簿每日結算完畢後，均應分別項目或戶名，逐一過入謄清簿各該帳戶。並應將銀錢日記簿、現款日記簿或收款日記簿中本日共收共付數，反其收付，過入謄清簿現款帳戶。

八、進貨付款簿銷貨收款簿中，關於折扣及讓價抹尾等之收付帳目，亦記入之。各項開支簿中，關於收回或轉正之開支帳目，亦記入之。

五、總日記簿 格式

帳戶	簿		簿		簿		簿		簿		本日共收	本日共付	本日結餘	
	收項	付項	收項	付項	收項	付項	收項	付項	收項	付項			收項	付項

登記法

一、本帳簿專備彙總結算各種分日記簿，以備編製日計表之用。

二、本帳簿應先填記日期、帳戶名稱及各種分日記簿名稱後，方可根據各種分日記簿，對於每一項目，分別收付，各結一總數，記入各該項目下該帳簿之收項或付項欄內。並應將銀錢日記簿、現款日記簿或付款日記簿中本日共收共付數，反其收付，記入現款項目下該帳簿之收項或付項欄內。記載完畢後，對於每一項目，各結算其共收共付數，記入各該項目下本日共收及本日共付欄內。然後再將本日共收共付數，與上日結餘收付數相加減，各結一餘數，記入各該項目下本日結餘之收項或付項欄內。均用數碼字記載。

三、本帳簿記載完畢後，均應每欄各結一總數。本日共收欄內之總數，必與本日共付欄內之總數相等。本日結餘收項欄內之總數，必與付項欄內之總數相等。如其不等，必有錯誤，應即查對。

四、本帳簿結算完畢後，應將上日結餘、本日共收、本日共付及本日結餘，照數抄入四柱日計表。或僅將本日結餘，照數抄入餘數日計表。

六、謄清簿 格式

(一)收付對照式

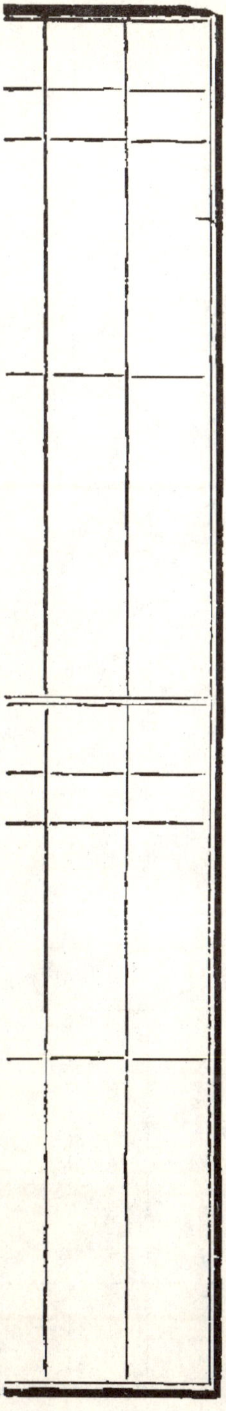

(二)雙結餘收付對照式

（三）單結餘收付順序式

（四）有字頭收付順序式

戶名

姓名

住所或通訊處

登記法

一、謄清簿爲分帳戶謄清之轉記簿。吾國商界有稱之爲謄清者，有稱之爲總清者，亦有稱之爲總帳或清簿者。名稱不一。爲求名實相符起見，特正其名曰謄清簿。

二、本帳簿通常可用作謄清簿、存該謄清簿、損益謄清簿、進貨客清簿、銷貨客清簿、股東分戶簿、行莊謄清簿、各戶往來簿、各戶存欠簿、暫記存欠簿、開支謄清簿、推銷費用簿、事務費用簿及工廠應用之製造成本簿等。

三、本帳簿對於每一項目或戶名，各立一帳戶。凡開立帳戶，應獨占一行或二行，而書於上端。如爲人名帳戶，並可於其下摘錄姓名、住所及交易條件等。

四、謄清簿分爲(一)收付對照式、(二)雙結餘收付對照式、(三)單結餘收付順序式與(四)有字頭收付順序式四種。茲分別說明其用法如左。

甲、收付對照式謄清簿，中以雙線分爲上下兩部，上部記收入帳目，下部記付出帳目。而上下兩部內，又各以單線分爲四格。第一格記日期。第二格記過自日記簿之頁數。第三格記收付之事由及戶名等。第四格記收付之數目。

乙、雙結餘收付對照式謄清簿，較諸甲種無結餘者，上下兩部之下端，均多一結餘格。以備每日記帳完畢後，輒算收付相抵後之餘數，而記入於各該日期收付最後一筆之下。並應註明其餘數之屬於收或付。

丙、單結餘收付順序式謄清簿，以單線分爲上下三小格，與中間三大格。三大格中，如記收入帳目。則第一格記收入之事由及戶名等。第二格記收入之數目。如記付出帳目，則第二格記付出之事由及戶名等。第三格記付出之數目。而三小格中，首一格記日期，次一格記過自日記簿之頁數。末一格記收付相抵後之餘數，並應註明其餘數之屬於收或付。

丁、有字頭收付順序式謄清簿，內容格線及記法，均與丙種無字頭者同。不過於首二行中加印字頭。以備記載戶名、姓名、住所或通訊處及交易條件等之用。

五、凡謄清簿之有結餘者，最適用於登載收付頻繁，而隨時須查結餘之帳戶，如行莊謄清簿、進貨客清簿、銷貨客清簿、及各戶往來簿等。而有字頭謄清簿，最適用以登載收付筆數較少，每年不滿一頁者之帳戶，如股東分戶簿、各戶存欠簿等。

六、本帳簿應每月總結一次。其結算應用四柱法。即分爲上月結餘(收或付)、本月共收、本月共付、本月結餘(收或付)四柱。每柱獨占一行，而書於正中。

七、每屆月底，應將本帳簿各帳戶結數，編製月計表或各帳戶結算表。每屆決算期，應將本帳簿各存該帳戶餘數，編製資產負債表及財產目錄，各損益帳戶餘數，編製損益計算書。

七、客清簿 格式

(一)進貨客清簿

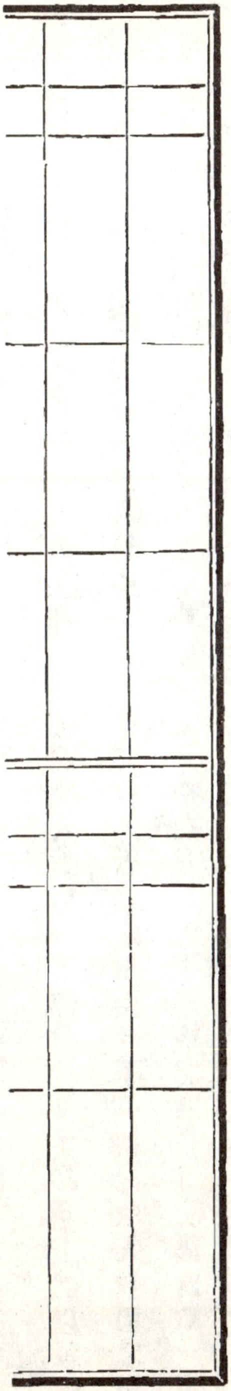

(二)銷貨客清簿

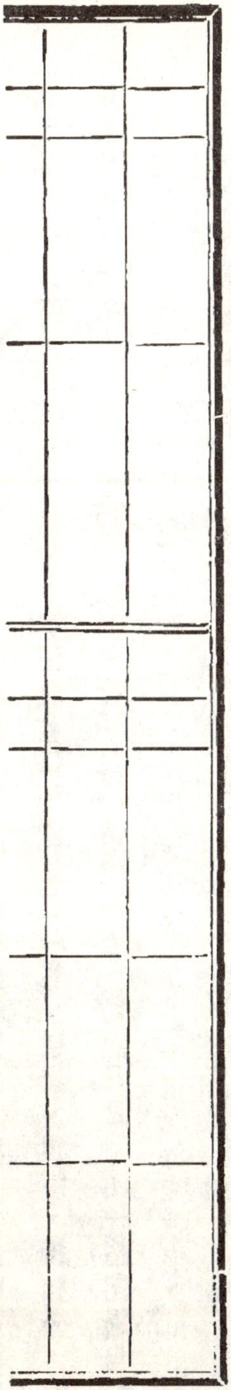

登記法

一、本帳簿專備貨品種類繁多之商店，用作進貨客清簿及銷貨客清簿。並得用作收到寄售品簿，與發送寄售品簿。

二、進貨客清簿，以雙線分爲上下二部，上部記收入貨品，下部記付出款項。上部以單線分爲二小格，與三大格。三大格中，專備記載每種貨品之品名、數量、單價、折扣等，而總計金額，可獨占一格，或獨占上部一行。二小格中，上一格記月日。下一格記過自日記簿頁數。下部亦以單線分爲二小格，與二大格。二大格中，上一格記付交款項之事由。下一格記付交款項之數目。如遇退貨時，亦可用之。二小格中，上一格記月日。下一格記過自日記簿頁數。

三、銷貨客淸簿，亦以雙線分爲上下二部，上部記收入款項，下部記付交貨品。上部以單線分爲二小格，與二大格。二大格中，上一格記收入款項之事由。下一格記收入款項之數目。如遇退貨時，亦可用之。二小格中，上一格記月日，下一格記過自日記簿頁數。下部亦以單線分二小格，與三大格。三大格中，專備記載每種貨品之品名、數量，單價、折扣等，而總計金額，可獨占一格，或獨占下部一行。二小格中，上一格記月日，下一格記過自日記簿頁數。

四、本帳簿對於每一進貨、銷貨或寄售客戶，各立一戶。獨占一行或二行，而書於上端。以下並可摘錄客戶姓名、住所、交易條件及其他必要事項。

五、本帳簿應每月總結一次。其結算應用四柱法，即分爲上月結餘(收或付)、本月共收、本月共付、本月結餘(收或付)四柱。每柱獨占一行，而書於正中。

六、本帳簿每屆月底或決算期。應根據各帳戶結數，編製應付帳款及應收帳款結算表。

八、器具簿 格式

帳戶　　種類

品名	數量	編號	購入日期	購入商店	單價	金額	放置處所	備考

登記法

一、本帳簿專備用作商店之器具裝修明細簿，及工廠之機械工具明細簿。

二、本帳簿對於器具裝修或機械工具中每一種類（如器具用品得分爲器具、裝修、陳設、機械、文具、雜品等類），或每一部門，各立一戶。

三、機器裝修或機械工具等，購置時應將品名、數量、編號、購入商店、購入月日、單價、金額及放置處所等，分別種類，逐一記入本帳簿。遇有移動時，應於放置處所欄內更正之。遇有變賣或毀損時，應記其事由於備考欄內，而註銷之。

四、每屆決算期或其他必要時。應根據本帳簿編製查存表。並實地盤查一次。

九、通用簿

格式

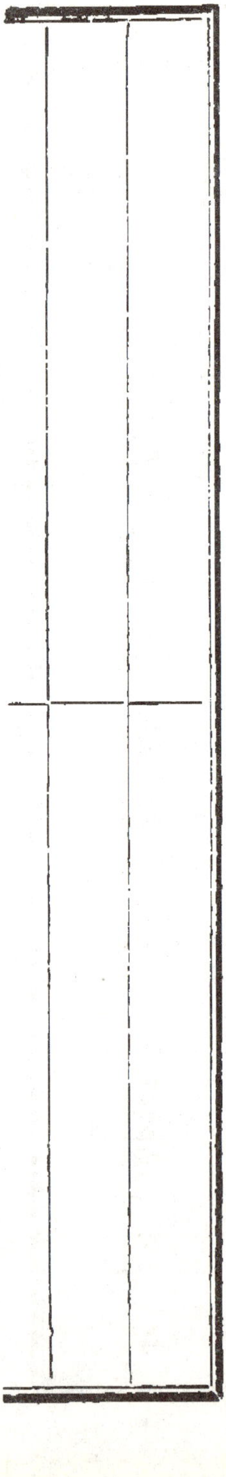

登記法

一、本帳簿可用作貨品日記簿及其他各種補助簿。其登記方法，請參照貨品日記簿及小號通用簿。

丑、小號帳簿

小號帳簿每半頁　縱十五公分　橫十六公分　內分十行

一、日記簿

格式

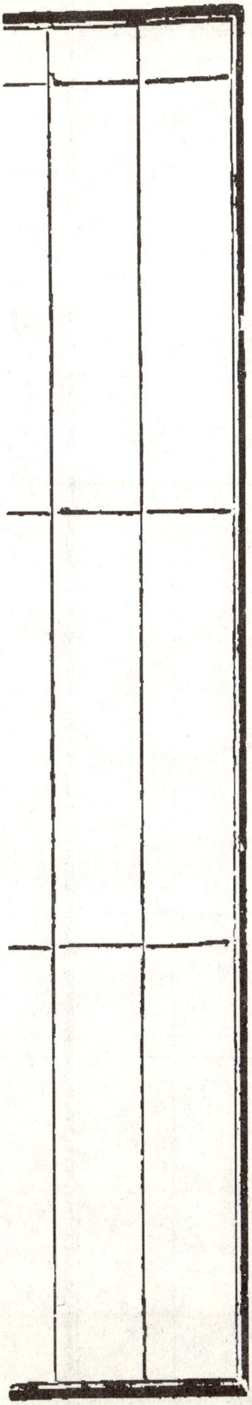

登記法

一、本帳簿爲順日期記載之原始簿。吾國商界有稱之爲流水者，有稱之爲滾存者，亦有稱之爲日流或日記者。名稱不一。爲求名實相符起見，特正其名曰日記簿。

二、本帳簿通常可用作日記簿、銀錢日記簿、現款日記簿及轉帳日記簿。對於規模較大之商店或機關，並可用作零用簿。

三、本帳簿爲收付順序式。以單線分爲四格。如記收入帳目，則第二格摘記收入之項目、戶名及事由等。第三格記載收入之數目。如記付出帳目。則第三格摘記付出之項目、戶名及事由等。第四格記載付出之數目。而第一格則俟轉過謄清簿時，記載本帳目過入謄清簿之頁數。

四、本帳簿在登載收付帳目以前，必先記明日期。記日期應獨占一行，而書於正中。

五、本帳簿應每日總結一次（如收付帳目極簡單者，得每旬、甚至或每月總結一次）。其結算應用四柱法即分為上日結餘、本日共收、本日共付、本日結餘四柱。每柱獨占一行，而書於正中。但轉帳日記簿僅有共收、共付，而無結餘。

六、本帳簿應於每日結算完畢後，分別項目或戶名，逐一過入謄清簿各該帳戶。並應將本日共收、共付數，反其收付，過入謄清簿現款帳戶。

七、凡規模較大，收付較多之商店或機關，應於每日記帳完畢後，編製日計表。以便報告每日收付情形。並檢驗記帳及計算之有無錯誤。日計表之編製法，另定之。

二、貨品日記簿 格式

登記法

一、本帳簿專備用作進貨日記簿（卽貨源簿）及銷貨日記簿（卽批發簿）。但進貨退還簿、銷貨退回簿及寄售品簿，亦通用之。分爲定式與活用式二種。得斟酌貨品情形，自由採用之。

二、本帳簿記載進貨或銷貨戶名，應獨占一行，而書於上端。其下並可摘錄客戶姓名、住所、交易條件及其他必要事項。定式之貨品日記簿，以單線分爲六格。第二格記品名及種類、商標等。第三格記數量。第四格記單價。第五格記折扣。第六格記金額。而第一格則記本帳目過入進貨或銷貨客淸簿之頁數。如遇一批進貨或銷貨，種類繁多者，得連記數行，而將總計金額另行正中記入。若用活用式貨品日記簿者，則應記載各事項，得斟酌貨品情形定之。

三、本帳簿在登載進貨與銷貨帳目以前，必先記明日期，記日期應獨占一行，而書於正中。

四、凡每日買賣之貨品，應分別戶名，如係現交，則逕書「現進」或「現售」二字，以代戶名。根據買賣發票（或門市簿總數），詳細記入進貨或銷貨日記簿。於每日記載完畢後，逐一過入進貨或銷貨客淸簿各該客戶之收項或付項。每日總結一次。分現進與賒進，或現銷與賒銷，將其結數，獨占一行，而書於正中。並過入損益賬淸簿進貨帳戶之付項，或銷貨帳戶之收項。

五、對於進貨退還或銷貨退回帳目，可獨立設置進貨退還簿，或銷貨退回簿。將其退貨之戶名、品名、數量及金額等，詳細記入本簿。於每日記載完畢後，逐一過入進貨或銷貨客清簿各該客戶之付項或收項。每日總結一次，將其總數過入損益謄清簿進貨帳戶之收項，或銷貨帳戶之付項。若退貨帳目即附記於進貨或銷貨日記簿者。應蓋用紅色「進貨退還」或「銷貨退回」之戳記於品名之上，以示區別。

六、對於賣出寄售品帳目，可獨立設置寄售品簿，凡每日賣出之寄售品，應將其戶名、品名、數量及金額等，詳細記入本簿。於每日記載完畢後，總結一次。並分別其買進與賣出，逐筆過入進貨客清簿之收項，與銷貨客清簿之付項。

三、票據簿　格式

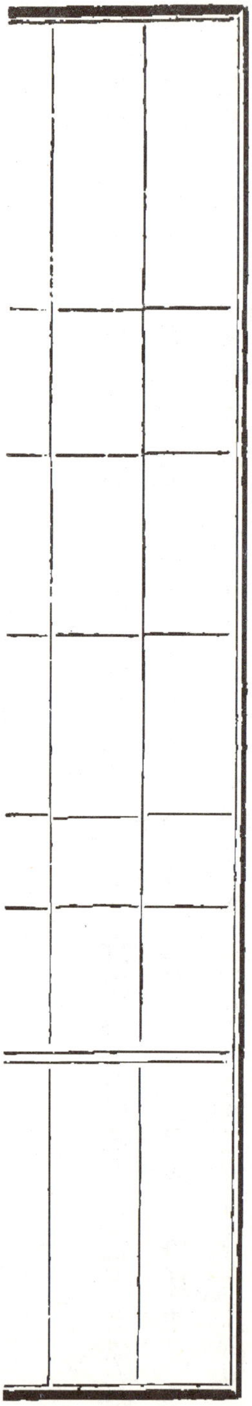

登記法

一、本帳簿專備用作來票簿(即應收票據簿)及出票簿(即應付票據簿)。但對於來票期日簿及出票期日簿，亦適用之。

二、本帳簿第一格記來票或出票之項目、戶名及事由等。第二格記票據之種類及號次。第三格如屬來票，則記出票人之戶名。如屬出票，則記收款人之戶名。第四格記付款人之戶名。第五格記票據到期日。第六格記票面之金額(用數碼字記)。其雙線以下之一格，備記收款之日期及金額，與轉讓或存出等其他記錄。

三、本帳簿在登載來票或出票帳目以前，必先記明日期。記日期應獨占一行，而書於正中。

四、本帳簿應每日總結一次，將其結數獨占一行，而書於正中。並應與日記簿所記相對照。

五、如遇來票到期收款，或於期前轉讓，或出票到期付款時。應於本帳簿各該票據帳目下註明之。

六、本帳簿應於每日登載完畢後，分別到期日，逐一過入來票或出票期日簿。

七、本帳簿如其用作來票期日簿，或出票期日簿者，對於每一到期日，應各立一戶，獨占一行或二行，而書於上端。以後方可根據票據簿所記，分別日期，照樣謄清。但到期日欄內，可記收到或發出票據之日期。收款、付款或轉讓時，亦應於本帳簿各該票據帳目下註明之。

四、謄清簿 格式

（一）收付順序式

（二）有結餘收付順序式

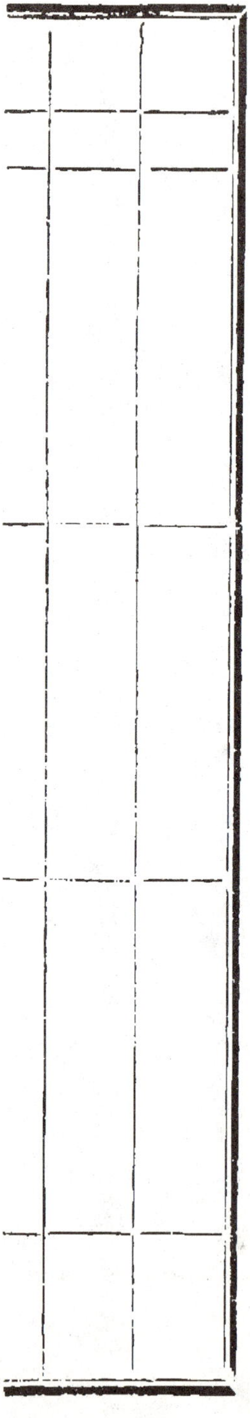

一、謄清簿爲分帳戶謄清之轉記簿。吾國商界有稱之爲謄清者，有稱之爲總清者，亦有稱之爲總帳或清簿者。名稱不一。爲求名實相符起見，特正其名曰謄清簿。

二、本帳簿通常可用作各種謄清簿。對於規模較大之商店或機關。則可用作各種開支謄清簿。

三、本帳簿對於每一項目或戶名，各立一帳戶。凡開立帳戶，應獨占一行或二行，而書於上端。如爲人名帳戶，並可於其下摘錄姓名、住所及交易條件等。

四、本帳簿爲收付順序式，分爲無結餘與有結餘二種。無結餘者，以單線分爲上端二小格，其下三大格。三大格中，如記收入帳目，則第一格記收入之事由及戶名等。第二格記收入之數目。如記付出帳目，則第二格記付出之事由及戶名等。第三格記付出之數目。二小格中，首一格記日期，次一格記過自日記簿之頁數。有結餘者，餘均相同，僅於其下端多一結餘格。以備每日記帳完畢後，輒算收付相抵後之餘數而記入之。並應註明其餘數之屬於收或付。

五、本帳簿應每月總結一次。其結算應用四柱法。卽分爲上月結餘（收或付）、本月共收、本月共付、本月結餘(收或付)四柱。每柱獨占一行，而書於正中。

六、每屆月底，應將本帳簿各帳戶結數，編製月計表或各帳戶結算表。每屆決算期，應將本帳簿各存該帳戶餘數，編製資產負債表及財產目錄，各損益帳戶餘數，編製損益計算書。

五、貨淸簿 格式

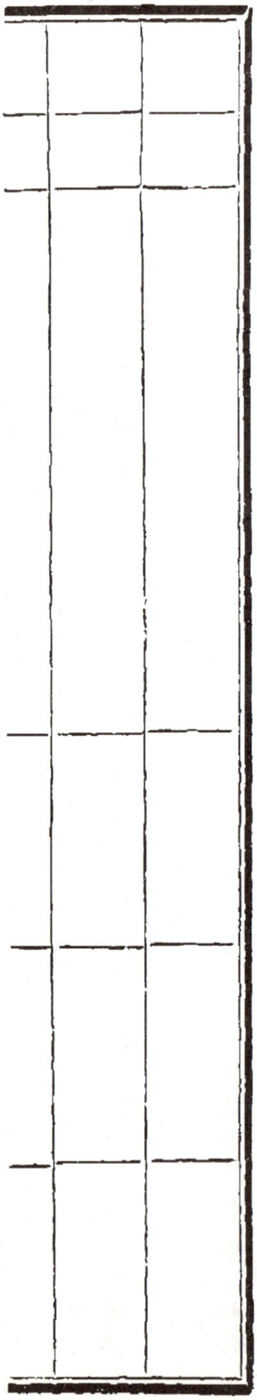

登記法

一、貨淸簿即貨品分類簿。對於每一種貨品，各立一戶，獨占一行或二行，而書於上端。並於其下記明貨品之種類、商標及單價等。從進貨日記簿及銷貨日記簿過入之。

二、本帳簿爲有結餘之收付順序式。第一格記收付之月日。第二格記過自進貨或銷貨日記簿之頁數。第三格記收付之事由。第四格記收入貨品之數量。第五格記付出貨品之數量。第六格記收付抵過後之結餘數量。其記載數量，均用數碼字。

三、每屆決算期，或其他必要時，應根據本帳簿，編製查存表。並實地盤查一次。

六、通用簿　格式

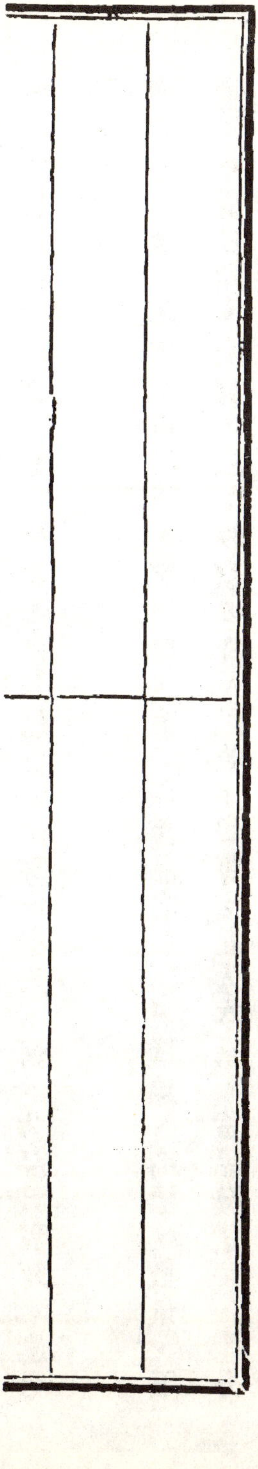

登記法

一、凡記事性質之各種補助簿，如認股簿、股份轉讓簿、股息紅利簿、貨本加費簿、進貨定成簿、銷貨定成簿、薪工簿、帳簿目錄等，本帳簿均可通用之。

二、茲將各種補助簿應記載之事項，說明如左。

甲、認股簿　記載日期，認股人之戶名、姓名、職業、住所，及所認股數、金額，暨已繳保證金等。

乙、股份轉讓簿　記載日期，股份轉讓與讓受之戶名、股數、金額、過戶費等。

丙、股息紅利簿　記載各股東應得之股息及紅利。付出時，註明其月日，而註銷之。

丁、貨本加費簿　每一種貨品各立一戶。記載貨品之原價及運費、棧租、稅餉等附屬費用。以計算貨品之成本，而估計銷貨之售價。

戊、進貨定成簿　凡定進貨品時，應根據定單，將貨品之名稱、種類、商標、數量、限價、交貨日期、交貨地點、付款條件及已付定銀等，記入本簿。貨品到着時，應分別註銷之。

己、銷貨定成簿　凡定出貨品時，應根據定單，將貨品之名稱，種類、商標、數量、限價、交貨日期、交貨地點，收款條件及已收定銀等，記入本簿。貨品發送時，應分別註銷之。

庚、薪工簿　本帳簿按月記載各職工應領之薪俸及工資。付出時，記明其月日而註銷之。

如即作爲送銀簿者，並應備簽收一欄。以便收款者簽印。

辛、帳簿目錄　記載已經啓用各帳簿之名稱、冊數及起迄年月日。以便查考。

寅、廣號帳簿

廣號帳簿每半頁　縱二十一公分半　橫二十五公分　內分十五行

廣號帳簿之登記法與大號帳簿同。但登載金額悉用數碼字。

一、日記簿　格式

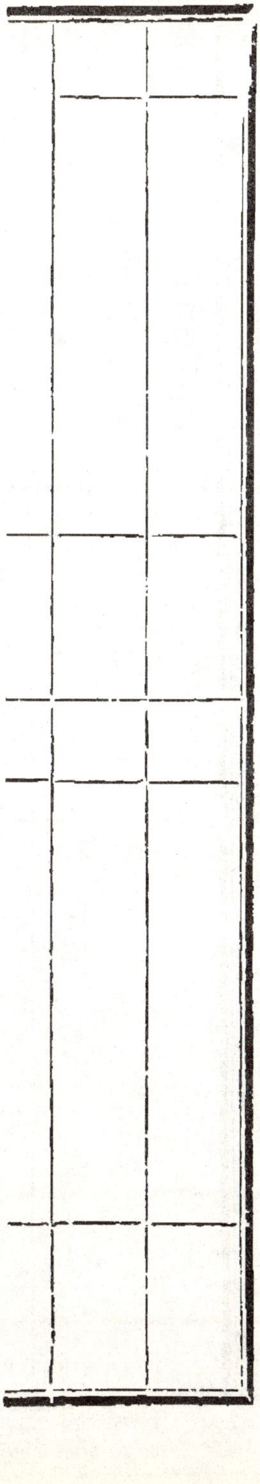

二、貨品日記簿　格式

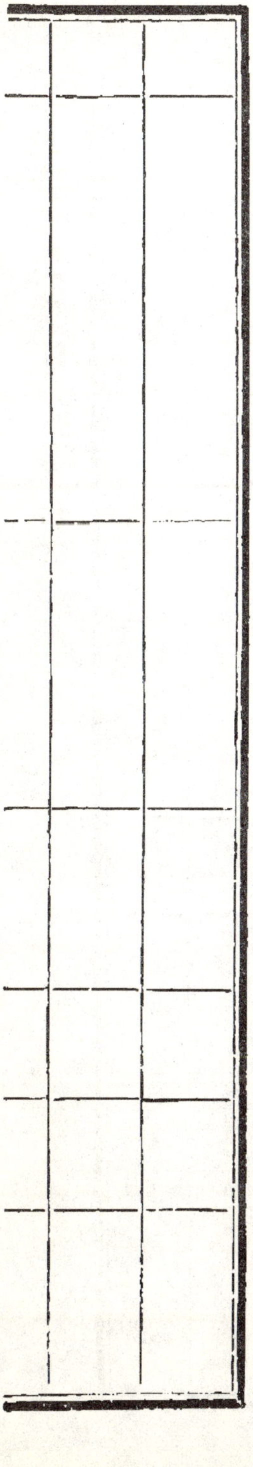

三、票據日記簿格式

四、謄清簿格式

(一)收付對照式

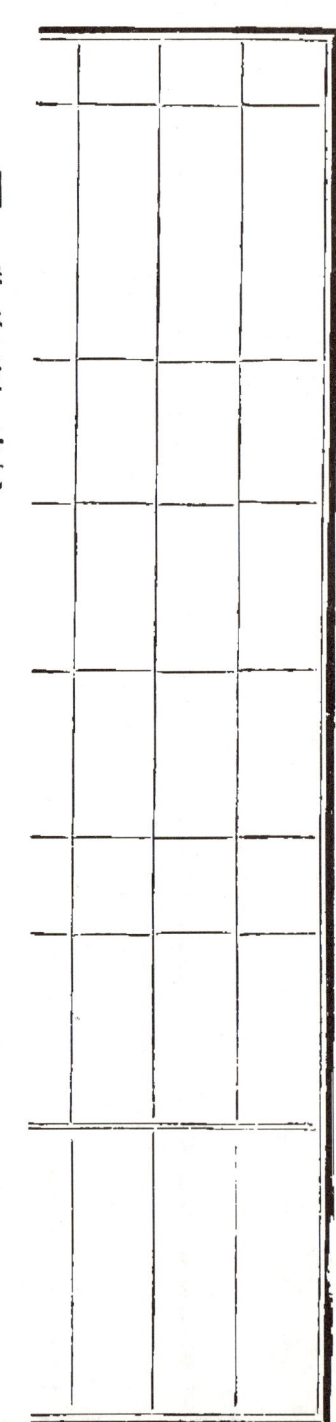

（二）雙結餘收付對照式

乙、結算表格式及編製法

一、四柱結算表

格式 縱十八公分 橫六十四公分 內分三十二行

表

中華民國　　年　　月　　日

帳戶	上結餘		本共收	本共付	本結餘	
	收項	付項			收項	付項

編製法

一、四柱結算表分舊管（即以前結餘）、新收（即現在共收）、開除（即現在共付）、實在（即現在結餘）四柱，故能表現每一期間帳目收付之經過及結果，並能檢驗每一期間記帳及計算之有無錯誤。凡規模較大，收付較多之商店或機關，其結算帳目，應用四柱結算表。

二、本表通常可用以編製四柱結算之日計表、月計表、歲計表及各帳戶結算表。

三、本表如用以編製日計表、月計表或歲計表者，應於表字上各填「日計」「月計」或「歲計」二字，並於其下填寫年月日，於帳戶欄內填列各項目名稱，於四柱欄內「上」及「本」字下，各填一「日」、「月」或「年」字。如用以編製各帳戶結算表者，除應於「表」字上填明「某某帳戶結算」數字，及於帳戶欄內填列各客戶或細目名稱外，其餘均同月計表。

四、日計表爲每日結算全部帳目之表册，應每日編製之。先抄錄上日日計表中各項目本日結餘之收數或付數於本表各該項目下上日結餘之收項或付項欄內。然後根據各種日記簿，對於每一項目，分別收付，各結一總數，記入本表各該項目下本日共收共付欄內，並將銀錢日記簿、收款日記簿或現款日記簿所結之本日共收共付數，反其收付，記入本表現款項目下本日共收共付欄內。再將各項目本日共收共付數，與上日結餘收付數相加減，各結一餘數，記入本表各該項目下本日結餘之收項或付項欄內。登載完畢後，每欄各結一總數記入之。本日共收欄內之總數，必與共付欄內之總數相等。本日結餘收項欄內之總數，必與付項欄內之總數相等。如其不等，必有錯誤，應即查對。如設有總日記簿者，本表可以照抄總日記簿。

五、月計表爲每月結算全部帳目之表册，應於每月底編製之。先抄錄上月月計表中各項目本月結餘之收數或付數於本表各該項目下上月結餘之收項或付項欄內。然後根據各種謄清簿各項目之總結數，及各帳戶結算表之總結數，將本月共收共付數，記入本表各該項目下本月共收共付欄內。將本月收付結餘數，記入本表各該項目下本月結餘之收項或付項欄內。登載完畢後，均應每欄各結一總數記入之。本月共收欄內之總數，必與共付欄內之總數相等。本月結餘收項欄內之總數，必與付項欄內之總數相等。月計表中各該項目本月結餘(收或付)數，必與該月末日之日計表中各該項目本日結餘(收或付)數相等。如其不等，必有錯誤，應即查對。

六、歲計表爲每年結算全部帳目之表册，應於本年底編製之。先抄錄上年歲計表中各存該項目（即資產負債表中各項目）本年結餘之收數或付數於本表各該項目下上年結餘之收項或付項欄內。然後根據各種謄清簿或各月月計表，將各項目每月共收共付數，各結一總數，記入各該項目下本年共收或共付欄內。再將各項目本年共收共付數，與上年結餘收付數相加減，各結一餘數，記入本表各該項目下本年結餘之收項或付項欄內。登載完畢後，均應每欄各結一總數記入之。本年共收欄內之總數，必與共付欄內之總數相等。本年結餘收項欄內之總數，必與付項欄內之總數相等。歲計表中各該項目本年結餘（收或付）數，必與該年末月或末日之月計表或日計表中各該項目本月或本日結餘（收或付）數相等。如其不等，必有錯誤，應即查對。

七、各帳戶結算表爲對於每一項目所統屬之各客戶或細目每月彙總結算之表册，應於每月底編製之。先抄錄上表各戶本月結餘之收數或付數於本表各該戶下上月結餘之收項或付項欄內。然後根據各該謄清簿各客戶或細目之總結數，將本月共收共付數，記入本表各該戶下本月共收或共付欄內。將本月收付結餘數，記入本表各該戶下本月結餘之收項或付項欄內。登載完畢後，均應每欄各結一總數記入之。本月結餘欄內之總數，必與該月末日之日計表該項目本日結餘（收或付）數相等。如其不等，必有錯誤，應即查對。

八、本表登載金額，均用數碼字。

九、本表編製完畢後，應由製表員及會計主任簽印，送請經理或上級職員察核。

二、收付對照表　格式　縱十九公分　橫六十四公分　內分四十行

表　中華民國　年　月　日

帳戶	金額	帳戶	金額

編製法

一、本表爲上收下付對照式之結算表。爲報告每一期間帳目收付之結果，及檢驗記帳及計算之有無錯誤而編製之。

二、本表通常可用以編製餘數結算之月計表、資產負債表、損益計算書及各帳戶結算表。

三、月計表爲結算每月收付帳目之表册，於每屆月底編製之。應先於「表」字上塡寫「月計」二字，並於其下塡明年月日，且於上一帳戶欄內塡列收項各項目（卽負債及利益項目），下一帳戶欄內塡列付項各項目（卽資產及損失項目）。塡寫完畢後，方可根據各種謄清簿各項目每月之結餘數，及各帳戶結算表每月之總結數，分別收付記入各該項目下金額欄內。記載完畢後，上下各結一總數記入之。上一總數必與下一總數相等。如其不等，必有錯誤，應卽査對。

四、資產負債表爲報告每年財政狀況之表册，於每屆決算期編製之。應先於「表」字上塡寫「資產負債」四字，並於其下塡明年月日，且於上一帳戶欄內塡列負債類（卽收項）各項目，下一帳戶欄內塡列資產類（卽付項）各項目。塡寫完畢後，方可根據各種謄淸簿，並對照月計表，擇其屬於負債資產各項目之結餘數，記入本表各該項目下金額欄內。記載完畢後。上下應各結一總數記入之。並應軋算資產與負債兩抵後之餘數，如資產多於負債，則爲本屆盈餘，反之，負債多於資產，則爲本屆虧損，另行正中記入之。

五、損益計算書爲報告每年損益情形之表册，亦於每屆決算期編製之。應先於「表」字上塡寫「損益計算書」五字，而將表字圈去，並於其下塡明年月日，且於上一帳戶欄內塡列利益類（即收項）各項目，下一帳戶欄內，填列損失及費用類（即付項）各項目。填寫完畢後，方可根據各種謄清簿，並對照月計表，擇其屬於利益損失各項目之結餘數，記入本表各該項目下金額欄內。記載完畢後，上下應各結一總數記入之。並應軋算損失與利益兩抵後之餘數，如利益多於損失，則為本屆盈餘；反之，損失多於利益，則為本屆虧損，另行正中記入之。

資產負債表所結出之盈餘數或虧損數，必與損益計算書所結出之盈餘數或虧損數相等。如其不等，必有錯誤，應即查對。

六、各帳戶結算表為每月彙總結算每一項目所統屬之各客戶或細目之表冊，於每屆月底編製之。應先填寫本表名稱及年月日，並於上下帳戶欄內，填列各客戶或各細目名稱。填寫完畢後，方可根據各該謄清簿，各客戶或各細目之每月結餘數，記入各該戶名下金額欄內。記載完畢後，應結一總數記入之。其總數必與該月末日之日計表該項目結餘數相等。如其不等，必有錯誤，應即查對。

七、如所用謄清簿均設有結餘格，且項目下所統屬之客戶或細目為數不多者，得根據謄清簿之結餘數，編製日計表。其編製法，參照月計表之規定。

八、本表編製完畢後，應由製表員及會計主任簽印，送請經理、董事或股東察核。

三、收付順序表

格式　縱十六公分　橫六十四公分　內分四十行

表　　中華民國　　年　　月　　日

編製法

一、本表通常可用以編製財產目錄。但亦可用以編製收付順序式之資產負債表、損益計算書或各帳戶結算表。

二、本表除應塡明年月日外，並應於其上塡明本表名稱，如財產目錄、資產負債表、損益計算書或某帳戶結算表。

三、財產目錄應於每屆決算期編製之。應分爲資產目錄與負債目錄二表，根據各種謄淸簿，並對照各帳戶結算表，擇其屬於資產各項目，編製資產目錄，屬於負債各項目，編製負債目錄。先記項目名稱於第一格，並於其左順次記入屬於該項目之戶名或說明。然後記各戶細數於第二格，記項目總數（卽各細數之和）於第三格。記載完畢後，並應每表各結一總數，與資產負債表之總數相對照。

四、本表如用以編製附說明或細數之資產負債表，則第一格記項目名稱，並於其左記屬於該項目之戶名或說明，第二格記各戶細數，第三格記項目總數，先列負債類，後列資產類。其編製方法，參照收付對照表之規定。

五、本表如用以編製收付順序式之損益計算書，則第一格記項目名稱，第二格記收入數目，第三格記付出數目。其編製方法，參照收付對照表之規定。

六、本表如用以編製收付餘數均有者之各帳戶結算表，則第一格記戶名，第二格記收項餘數，第三格記付項餘數。其編製方法，參照收付對照表之規定。

七、本表編製完畢後，應由製表員及會計主任簽印，送請經理、董事或股東察核。

四、查存表

格式　縱十九公分三　橫六十四公分　內分四十行

查存表

中華民國　　年　　月　　日

號碼	品名	種類	簿存數量	查存數量	差數	查存估價		備攷
						單價	金額	

編製法

一、本表專備用作貨品或原物料查存表，但對於器具用品或機械工具查存表，亦通用之。

二、本表應於「查存表」三字之上，塡明「貨品」或「原物料」等字樣，並於其下塡明年月日。

三、本表應於每屆決算期，或其他必要時編製之。先根據貨品或原物料分類簿，將各戶之號碼、品名、種類及簿存數量，記入本表各該欄內。次向存貨處所逐一盤查其實存數，記入查存數量欄內。並比較其差數，記入差數欄內。然後報告經理或上級職員，決定各差數是否合理，存貨如何估價（依法存貨估價，應根據進貨時原價及盤查時市價，擇其中之較低價作爲估價）。將決定之估價，記入單價欄內。並計算其金額，記入金額欄內。遇有應說明之事項，可記入備考欄內。記載完畢後，應每類各結一總數，全體合結一總數，記入之。

四、本表編製完畢後，應由製表員、管理員及盤查員會同簽印，送請經理或上級職員察核。

丙、各憑單格式及編製法

一、收款憑單

格式　縱十三公分半　橫九公分一　內分七行

字第　　號　　附單據　　紙

收款憑單

中華民國　　年　　月　　日

摘要						合計
金額						

核准者　　　會計　　　製單員

二一、付款憑單

格式　縱十三公分半　橫九公分一　內分七行

字第　　號　　附單據　　紙

付款憑單						
中華民國　年　月　日						
摘要						合計
金額						

核准者　　會計　　製單員

三、轉帳憑單

格式 縱二十公分 橫九公分一 內分七行

字第　　號　　附單據　　紙

轉帳憑單

中華民國　　年　　月　　日

收項摘要	收項金額
合計	

付項摘要	付項金額
合計	

核准者　　　會計　　　製單員

丑、編製法

一、凡規模宏大收付繁多之商店或機關，爲事務分掌及記帳手續上便利起見，得使用憑單。憑單分爲下列三種。

1. 收款憑單　遇收入現款時用之。
2. 付款憑單　遇付出現款時用之。
3. 轉帳憑單　遇轉帳收付時用之。

二、凡收付頻繁，特設專簿登記者，對於此種收付，得每日彙結一總數，繕製憑單。

三、凡進貨銷貨等已有特定之記帳憑證者，不必重行繕製憑單。

四、收款付款及轉帳憑單中，須將左列各項，詳細記入。

1. 年月日（記入年月日欄內）
2. 帳戶項目
3. 收付之戶名
4. 收付之事由（以上均記入摘要欄內）
5. 收付之金額（記入金額欄內）

五、收款付款及轉帳憑單，均應順次編號，送請經理或高級職員核准。並由關係人員蓋章證明。

六、凡與各該收付有關係之收據發票等，均須附於憑單之後，並於憑單上註明附單據若干張。

七、收款或付款憑單，應於收入後蓋收訖之戳記，付出後蓋付訖之戳記。

八、凡憑收款付款或轉帳憑單登記帳簿時，應於帳簿上登載項目之旁或其他相當地位，註明憑單號次，並於每筆帳目登載完畢後，蓋一「入」字之戳記。

九、已經記帳之憑單及附屬單據，應順次整理，附以底面，用堅韌紙捻或線帶裝訂成册。並將紙捻或線帶脚黏貼背面由主管人員加蓋騎縫印章，每日或每月編號保存備查。

(附註)以上所定各種帳簿表單，均已交由標準帳表文件製售所製就發行。

改良中式帳簿表單價目表

大號日記簿	五十頁	每本洋一元
大號日記簿	一百頁	每本洋一元五角
大號日記簿	一百五十頁	每本洋二元
大號分日記簿	一百頁	每本洋一元五角
大號票據簿	五十頁	每本洋一元
大號票據簿	一百頁	每本洋一元五角
大號貨品簿	五十頁	每本洋一元
大號貨品簿	一百頁	每本洋一元五角
大號總日記簿	一百頁	每本洋一元五角
大號謄清簿	五十頁	每本洋一元
大號謄清簿	一百頁	每本洋一元五角
大號謄清簿	一百五十頁	每本洋二元
大號雙結餘謄清簿	一百頁	每本洋一元五角
大號單結餘謄清簿	一百頁	每本洋一元五角
大號有字頭謄清簿	一百頁	每本洋一元五角
大號進貨客清簿	一百頁	每本洋一元五角
大號銷貨客清簿	一百頁	每本洋一元五角
大號器具簿	一百頁	每本洋一元五角

以上各帳簿均係海月紙精印布面布底裝訂

四柱結算表	每十張洋二角
收付對照表	每十張洋二角
收付順序表	每十張洋二角
資存表	每十張洋二角

以上各表均係海月紙精印

毛邊紙精印者價目一律減半

大號通用簿	五十頁	每本洋一元
大號通用簿	一百頁	每本洋一元五角
小號日記簿	五十頁	每本洋七角
小號日記簿	一百頁	每本洋一元
小號票據簿	五十頁	每本洋七角
小號票據簿	一百頁	每本洋一元
小號貨品簿	五十頁	每本洋七角
小號貨品簿	一百頁	每本洋一元
小號謄清簿	一百頁	每本洋一元
小號單結餘謄清簿	一百頁	每本洋一元
小號貨清簿	一百頁	每本洋一元
小號通用簿	五十頁	每本洋七角
小號通用簿	一百頁	每本洋一元
廣號日記簿	一百頁	每本洋二元二角
廣號票據簿	一百頁	每本洋二元二角
廣號貨品簿	一百頁	每本洋二元二角
廣號謄清簿	一百頁	每本洋二元二角
廣號雙結餘謄清簿	一百頁	每本洋二元二角
收款憑單		每百張洋四角
付款憑單		每百張洋四角
轉帳憑單		每百張洋六角

記帳規則

一、改良中式簿記帳簿之組織，帳戶之分類，及其各個內容之性質，彼此聯絡之關係，與如何使用之方法等，均於本書中詳細說明。凡記帳員均須熟讀深思，融會貫通。

二、帳簿種類分爲大、小、廣三種，各視業務範圍之大小，收付帳目之繁簡，斟酌採用。

三、帳簿頁數分爲五十頁、一百頁、一百五十頁三種，均順次編號，啓用之時，應先檢點頁數，是否無誤。

四、帳簿簿面，須題名稱、店號、册數、年月。帳簿之下端側面，亦須書明名稱、册數。如各種日記簿之册數較多者，並須於下端側面書明「某年某月某日起至某月某日止」字樣。

五、各帳簿之首，均刊有「經管本帳簿人員一覽表」。凡經管本帳簿者，均須署名蓋章。接管及移交時，均應註明日期。並由原管員蓋章於記載最後一筆之帳目上。接管員蓋章於記載最初一筆之帳目上。以明責任之始末。

六、各種謄清簿，均加印目錄於首頁。凡開立一帳戶，均須將戶名及頁數記載於目錄，以便檢查。

七、各帳簿之末頁，均刊有「本帳簿登記法」。凡開帳、登帳、過帳、結帳等一切手續，均應遵照辦理。

八、凡帳簿均須按照印花稅法，貼用印花，每本每年一角。由立帳簿人於使用前黏貼。如係日記簿，則貼在開首書寫年月日之處，將某年字樣，半寫於印花稅票面。如係謄清簿，則貼於首頁「目錄」二字之下，並註明「某年」字樣，半寫於印花稅票面。均應加蓋圖章或簽字於印花與紙面騎縫之間。如過一年，仍舊接寫，應再貼印花，如新立帳簿。

九、帳簿分爲收付對照式，與收付順序式二類。凡收付對照式帳簿，均以雙線分爲上下兩部。上部記收入帳目，下部記付出帳目。收付順序式帳簿，則隨收付日期爲先後，而上下交錯記載。其中均以單線分爲數格。某格記收付事由，某格記收付數目，某格記日期，某格記過頁等，每本帳簿中，均有詳細之規定。不可混淆。

一〇、凡記帳在每筆帳目之上，必先記明「收」或「付」字樣。在每一金額之上，必先記明「銀元」或「洋」字樣。

一一、凡帳目必先登載日記簿，而後轉過謄清簿。故謄清簿所有帳目，除開帳外，均以日記簿爲據。不得憑空記帳。

一二、記帳應用毛筆書寫華文黑字。其字體務求勻稱，字跡務求端潔。大率項目名稱及金額，字體較大。子目、戶名及事由等較小。除金額外，並得於一行格線內書寫二行或三行。

一三、記帳文字最好用行書字。不可草楷雜疊，令人有難解之弊。記帳數字，對於結數及較大之數字，最好全用大寫字。其他爲便利計，用小寫字或數碼字。亦須位置緊湊，筆勢順遂，免致塗改。

一四、記帳數字有用全寫與用數碼二種。記載金額，應用全寫字（但結餘數及廣式簿用數碼字）。記載數量、單價及小計金額等，得用數碼字。但用數碼字必於其首字之下，註明位名，以便閱讀。

一五、凡劃整收或整付之數目，末一字尚未記至格底者。應於數字之末緊接一「正」字，以示其下並無小數。

一六、帳簿內記載之貨幣，應以銀元爲記帳單位，其銀角、銅元、銀兩等他種貨幣之收付，均應按照市價折成銀元入帳。

一七、凡上收下付對照式帳簿，當結算之時，若收多於付，應蓋一紅色「止」字戳記於付項之後。付多於收，應書一紅色「止」字戳記於收項之後。以示本帳目之終止。

一八、登記帳目寫至頁末尚有一二行多餘者。次頁以下尚須續記時，應書「轉頁」或「裕後」等字以實之。次頁以下廢置不記時，應書「以下空白」字樣以銷去之。帳簿如有重揭兩頁致有一頁空白時，應於空白頁上書名「重揭兩頁空白」字樣以註銷之。

一九、凡帳簿尚未用完，不得更換新簿。但主要簿得於每屆決算後更換之。更換新簿，遇舊簿中有空行時，應書「過入新簿」字樣。

二〇、帳簿記載如有錯誤，不得任意塗改、挖補、擦去或撕毀頁數。應將錯記之帳，加蓋紅色「錯入」或「誤記」之戳記於其上，另記訂正之帳於後空行中。並於錯記及訂正之帳上，蓋章證明。

二一、各種帳簿，於結算後發現錯誤或遺漏時。若僅數字錯漏，得於錯漏字之旁，添註或加減數目，但須蓋章證明。若係全部錯漏，不得於行中嵌入記錄，必須另日補正，其補正之帳，應註明「補正某月某日」字樣，並蓋章證明。

二二、凡日記簿內所記之帳目，必須全部轉過於謄清簿。不得將暫時收付或收付相同之數目，彼此蓋一「對銷」或「銷」字戳記，即不過帳。

二三、讓價抹尾，數目雖微，但須轉帳。將讓抹之數，轉入損益帳。而該戶中仍照原數收付。不得就讓抹之戶中，蓋一「清訖」或「訖」字之戳記，即作了事。

二四、凡有收付，不論數目大小，均須隨時入帳。每日應記之帳，必須於當日記載完畢，不得延至次日。

二五、記帳當無錯誤，故查對宜勤。各種帳簿每日記載完畢後，均須換人覆核或校對。並於校對後，加蓋「某覆」或「某對」之戳記。

二六、銀錢日記簿之結餘數，每日必與手頭實存之現款相對照。各項目分戶結餘數之和，每月必與各該統轄帳戶之結餘數相對照。以驗其記帳之是否無誤。

二七、宕掛款項，爲吾國商界之惡習，應嚴厲禁止。如遇必不得已之宕帳或掛欠，應隨時正式出帳，不可虛結於現款應存數內。

二八、凡帳簿已經啓用，均須隨時塡記該帳簿之名稱、册數及起訖年月日於「帳簿目錄」簿內，以備查考。

二九、帳簿表單爲日常應用之物，宜隨時整理，妥愼安置。每日用畢，應點查册數，鎖入帳箱（鐵箱尤佳）。置於一定地點，以備不虞。

三〇、各種收付憑證，如收據發票等件。均應按照收付日期，順次整理，裝訂成册，或黏存簿中，保存備查。

三一、現行法令對於商業帳簿之保存，規定十年。在此期內，當格外謹愼，毋令或失。

三二、改良中式簿記之帳簿組織與程式，及帳戶分類與名稱，均有學理上與事實上之根據。幾經斟酌，而後規定。倘能融會貫通，當不致扞格難行。茲爲推行便利起見，凡記帳員認爲尚有窒礙或不明瞭者，深望隨時函詢或面詢本事務所，卽當詳爲解答。

（附註）以上記帳規則，均印入每本改良中式帳簿之末頁。

憶父親徐永祚

徐庸言

我的父親徐永祚離開人世已三十年了，但他臨終前昏迷中撫着我的手、潸然淚下的情景依然歷歷在目。他要是能活到今天，親眼看到他所熱愛的祖國，雖經十年動亂的浩劫，在黨的十一屆三中全會撥亂反正後翻天覆地的巨大變化，那該多好啊！逝者往矣，老人家若地下有知，也一定會瞑目而笑的。

我的父親徐永祚，字玉書，浙江省海寧縣（現海寧市）金石墩人。公元一八九一年農曆重陽節出生於一個小工商地主家庭，他幼小喪母，由繼母管養，從小勤奮好學，夜晚經常躺在羊棚上苦讀，飽受風寒，以致後來釀成長期的風濕性關節症。少年時考進海寧縣達才學堂（當時最早的新制小學校）。畢業考試時，正是清末反清革命風起雲涌之際，他激於愛國義憤，毅然將自己的名字改爲光漢，被視爲大逆不道而欲加之罪，後經業師張某説情疏通才免遭囹圄，但他原畢業考試名列榜首的名次被降爲第三名。據説此事當時曾見報，廣爲人知。小學畢業後，只身赴杭，考進浙江高等學堂（後來的杭州高級中學，現在的杭州市立第一中學），當時浙江高等學堂的校長是著名的學者張宗祥先生，同學中名人輩出，如鄭曉滄（浙江師範學院院長，浙江大學教授），陳布雷（蔣介石的侍從室主任）等；師長中有蔣百里，查人伍等歷史知名人士，後來又都成爲我父親的朋友。

我父親在浙江高等學堂時期，致學勤勉並全面發展，除潛心學習科學學科外，英語根底亦極好（我曾在他的藏書中看到，那時所讀過的英文原版《大代數》和《普通物理》等書籍）。他還自學了日語，我親眼看到他會見日本會計專家有本邦造先生時，用日語對答如流，以致社會上有不少人誤認爲他曾留學日本。有一次，我還在祖居倉屋中，發現過一條用脚踏機械驅動的小木船，就是我父親在浙江高等學堂就讀時的業餘發明。在他中學時期，正值革命浪潮高漲，從那時起他就開始經常寫政論性文章，投稿於《民主》、《庸言》等報刊（我的取名亦出於此）。因此與報界的潘公展、馮柳堂、嚴諤聲等交上朋友。浙江高等學堂畢業後，他獨自來到上海，進入維新派梁啓超先生爲校長的神州大學經濟系就學，在校苦讀四年，成績優异，深得業師張嘉璈（即張公權）先生贊賞。他學的專業是經濟學，側重會計學，尤以銀行會計爲專長。大學畢業後，經公權先生保薦，留校任教；同時還經中國銀行保舉，任《銀行週報》主編。業餘之暇，寫了不少專著，介紹西方資本主義國家的借貸式會計原理及應用，並就調查研究所得編著出版《英美會計師事業》一書，介紹國外會計師的業務和社會功能，他立志從事會計師事業，就源發於斯。張公權先生是中國銀行界的奠基人，當時已任中國銀行董事長，爲了順應當時國際經濟大勢，多方廣收人才，要將中國銀行辦成躋身於國際的一家現代化金融機構。他對我父親的才幹十分賞識，多次動員他進中國銀行，礙於師生情面，我父親不得已辭去了在上海的職務，進入天津中國銀行任職。不幾月後，他去北京出差，投宿北京浙江會館，適逢『六君子』事件，被誤捕入獄，經銀行保釋後，遂即辭去銀行職務，從天津返回上海。

時值第一次世界大戰期間，國内民族資本乘隙活躍，在大辦實業的同時，滬上各商界争相開辦交易所，一時出現各種交易所數十個。我父親乃進入上海物品交易所任會計科長（當時交易所的後臺是張静江之弟張淡如，在交易所中熟識的同事有盛丕華，蔣君毅等）。不久交易所一陣風刮過，上海物品交易所亦告結束。我父親不顧業師張先生的一再勸阻，一九二一年向農商部申請會計師執照，在自己家中（上海南市老西門林蔭路明德里一號）正式掛牌『徐永祚會計師事務所』，從一九二三年開始，執行會計師業務。當時張公權先生曾對我父親説：『你最多不過是一個賬房先生而已』，而我父親則意志堅定地回答：『我就是要當一個賬房先生，一個衆人的賬房先生』。他一生『不經商不當官』，要爲會計師事業奮鬥終生的意志，從一開始就顯得十分堅定。

會計師事業在當時還很少爲人理解，上海雖然得風氣之先，但企業界對此亦認識不足，因此初開業時，業務蕭條可想而知。我父親仍信心十足，堅持要沿着這條路走下去。後來，宋子文在接管招商局和漢冶萍公司前，委托我父親對招商局和漢冶萍公司進行賬目審查，查賬中發現大量貪污舞弊實據並在查賬報告書中據實揭露，經披露報端後，在社會上激起巨大反響。我父親事務所乃一舉成名，各方來請委托查賬，設立會計制度，代辦會計業務，聘請常年會計顧問的紛至沓來，業務開始迅速展開。不久，遂將事務所遷至現延安東路三十六號（四川路西側），原東南信託公司舊址。後來業務繼續擴展，再遷至隔壁延安東路四十號，字林西報大樓四樓，最後又遷址延安東路一二三號三樓（紫來街東側，現已拆除爲隧道通風管處），抗戰期間日軍進入上海租界後，改名爲『正明會計師事務所』，直至一九五六年大合營時結束。

我父親從事會計師業務，一貫以公正爲本，不殉情不苟私，兢兢業業，精益求精，盡管所裏業務繁忙，工作人員最多時達六十多人，但每一案件結束時，對受辦案件的查賬報告書的審閱，絲毫不苟，父親經常在書房裏逐字逐句審閱文件至午夜後才入睡。他還忙裏偷閑博覽群書，將有關會計業務的消息和文章，每晚親自剪貼在貼報簿上，幾十年來從不間斷，一九五三年起，他病休在家時，亦未中斷。他從業數十年中，除會計師業務外，對會計學術的探索和鑽研亦始終不懈，曾創辦《會計雜誌》，自任主編，成爲當時全國會計界較有影響的學術性刊物。鑒於當時社會上賬務處理習慣上還不能適應借貸式簿記的普遍現象，就以中式收付式簿記的實際結合西方借貸複式會計原理，創導並推行『改良中式簿記』，編著了《改良中式簿記概説》。在上海總商會的贊助下，向社會廣爲宣傳，分批舉辦『改良中式簿記』訓練班，參加者達數萬人。爲整頓財會工作，逐步健全會計制度打下了有力基礎，其影響遍及全國。

我父親一貫愛國心切，經常以『國家興亡，匹夫有責』爲己任，並以此教育他的後代，舉凡一應愛國行動均主動參加。一九二三年日寇進犯淞滬，『一·二八』事件時，他參加上海地方後援會並義務擔任會計工作，日夜奔忙。一九三六年蔣介石爲表示『順應人心』，在廬山召集社會知名人士商議抗日大計。我父親亦應邀參加並慷慨陳詞，力主抗敵禦侮。一九三七年『八一三』事變初起，即參加上海抗敵後援會，義務擔任總會計，棄正常業務於不顧，全力從事後援工作，國民黨軍隊西撤後，他將後援會剩餘基金以化名秘密存入中匯銀行，準備擇機轉移後方。由於漢奸告密，我父親與中匯銀行總經理徐懋棠一起被日寇拘捕，在日本憲兵隊拘押了四十九天，雖遭威逼利誘始終不屈。出獄後，仍受到日寇的暗中監視，乃稱病閉門不出，不問世事。曾數次準備離滬奔向內地未成，乃囑我只身於一九四二年初，由上海交大去內地重慶就學。一九四一年太平洋戰爭開始，日軍進入租界，形勢更加嚴峻，我父親爲了拒絕與日僞合作，躲避日僞騷擾，益加居家不出，並收起『徐永祚會計師事務所』的牌子，停止開業，直至抗戰勝利。一九四五年抗戰勝利後不久，我父親目睹國民黨種種腐敗現象，感到十分失望，憂國憂民，內心如焚，遂開始加入中國民主建國會組織，參加民主運動，經常與盛丕華、黄延芳、俞寰澄、胡厥文、經叔平等一起，組織『星五聚餐會』，在紅棉酒店等處，邀集工商界上層進步人士，商談國事，推動民主運動並主張工商界上層人士留在大陸，迎接上海和全國解放。

上海解放前夕，在當時上海中共地下黨領導人之一的沙文漢同志指示下，冒着生命危險，與香港的許滌新等秘密取得聯系，由許滌新等將《新民主主義論》《論聯合政府》等毛主席著作以化名『高安之』爲收件人，寄到會計師事務所，再由我父親設法讓上海『商報』公開刊載，有力地擴大了政治影響，爲穩定上海工商界起了巨大作用。同時亦多次暗中掩護中共地下黨進行工作。上海解放前夕，華東軍區曾通過我父親搞到較詳盡的上海工商界行(名)録，爲接管上海提供了資料。我父親的這些秘密行動逃不出國民黨反動派的察覺，在上海解放前三天，沙文漢同志得悉我父親的名字已列入國民黨的黑名單後，通知我父親離家暫避，才得以逃過被殺的危險。

一九四九年五月上海解放，我父親欣喜若狂。他的工作也由地下轉入公開，除積極參加華東軍政委員會財經委員會工作外，還積極動員會計師、醫師等自由職業界組織起來，爲國家效力。同年九月，應邀北上，以自由職業界身份去京參加第一届全國政治協商會議並榮幸地登上天安門城樓，參加了開國大典。會議期間多次受到毛主席和周總理等領導人接見和宴請，欣喜之情可以想見。會議結束回滬後不久，又受國家財政部（當時李先念同志任部長）的委托，組織部分會計界人士去京籌備全國工商界的建賬運動，往返多次亦樂此不倦，工作熱情極爲高漲。在上海與顧準等同志多次研討稅法的健全和貫徹，由於他情況熟悉，工作踏實，深得有關領導的重視。

一九五三年我父親因染肺結核，開始卧床養病，但仍不忘參與各種活動。一九五六年社會主義改造，他率先停辦會計師事務所，將所辦標準簿簡社參加公私合營。他生前歷任上海市各届人大代表，全國政協委員等職務，一九五九年再次當選全國政協第三届委員，方欲奮力去京參加會議，因病情突然惡化，終因肺原性心臟病心力衰竭，於一九五九年九月十四日病逝在上海華東醫院，終年六十八歲。

我父親一生歷經三個朝代，始終不失爲一個正直和愛國的知識分子，爲社會進步做出了他的努力，政治上從資本主義民主意識開始，最終轉變到接受社會主義思想。在解放前，就堅信只有社會主義和共産黨才能把中國引向光明。可惜他因健康的原因，解放後只活了十年，未能充分貢獻出他的潛力和報國之心。他老人家地下有知也一定爲祖國今天的進步和繁榮含笑九泉的。

【附注】這篇回憶短文是徐永祚先生的長子徐庸言寫於一九八九年，當時是應海寧市有關部門之邀並紀念徐永祚先生逝世三十週年而寫。現由徐永祚之長孫徐孝文根據其父徐庸言生前手稿整理。

二〇〇九年六月五日

《會計經典叢書》已出版著作目錄

書名	作者
《簿記論》	盧卡·帕喬利
《連環帳譜》	蔡錫勇
《銀行簿記學》	謝　霖
《無形資産論》	楊汝梅
《高級商業簿記教科書》	潘序倫
《改良中式簿記概説》	徐永祚